大展好書　好書大展
品嘗好書　冠群可期

大展好書　好書大展

品嘗好書・　冠群可期

武術特輯
103

武術對練和對抗健身

王建華 李全生 著
高 航 張 洋

大展出版社有限公司

内容提要

　　本書是由北京師範大學體育與運動學院武術教研室主任、民族傳統體育學碩士研究生導師王建華教授帶領北京外國語大學李全生、北京科技大學高航、北京航空航太大學張洋三位青年武術教師共同研究撰寫的對抗健身專著。

　　我們四位作者都是北京師範大學體育系武術專業畢業，在大學從事武術教學的老師。在多年的武術教學過程中，我們感到武術對練和武術對抗項目是體現武術本質特徵的內容，是我國武術的精華成分。但由於武術對練和武術對抗項目的難度和對身體素質、身體能力的要求較高，所以一直局限在武術運動員和部分武術專業的師生範圍內。很多鍛鍊者和青年學生對此渴望而沒有機會瞭解和學習。

　　本書是我們為社會大眾健身領域和面向全體學生的學校領域所編寫的，內容包括以健身、防身為目的的拳術對練、短棍對練、武術散手、武術短兵、太極推手和武術防身等。

　　願本書的內容能在全民健身運動中發揮作用，為全民健身服務。

前　言

　　武術對練和武術對抗項目是我國武術中的特色技術，內容十分豐富。武術對練有徒手對練、使用相同和不相同的武術器械的對練、徒手和使用器械的對練等；武術對抗項目則有武術散手、太極推手、短兵、長兵等內容。

　　武術對練和武術對抗項目原本都是使用身體任何部位或器械，專門攻擊對手要害部位的實用技術，都是爲了提高搏鬥能力的身體練習，是展現武術本質特徵的身體運動。但隨著社會的發展進步，現在武術對練和武術對抗項目已經變成了在一定規則限制下，使用限定技術進行的體育競技性演練和格鬥，變成了我國的正規體育項目，而不是武術傳統意義的徒手或持械的搏殺技術。

　　其中的很多技術內容和練習方式（如擊打實物和假設性的對抗練習等）是非常有趣、安全的健身活動。不同年齡、性別、體質、不同工作的人都能從中選到適合自己學練的內容。

　　與單人演練的各流派武術套路相比，雖然武術對練是按編排好的攻防動作進行「假戲真打」的套路對抗，但武術對練和武術對抗項目（包括輔助練習手段

和方法）都具有兩個人以上進行有身體接觸的、眞實對抗等特點。練習這種有身體接觸的、有眞實對抗的武術項目，可以獲得多方面的鍛鍊效果：

一、在掌握防身自衛方法的同時，全面發展身體素質，增強内臟器官的機能，鍛鍊神經系統的靈活性，提高身體動作的速度、擊打力量、靈敏躲閃、對抗耐力等方面的身體能力。

二、在對抗練習中能摒棄軟弱和怯懦等不良心理，培養不畏強暴、敢於進取的堅強意志和精神。

三、在直接與人的攻防對抗中學會與同伴在競爭中相處，提高現代社會生活的承受和適應能力，學會與人相處。

四、學習武術散手、短兵和防身自衛技術，可以瞭解人體的要害部位。瞭解了人體的要害部位，既可明確擊打目標，還可避免日常生活中傷及別人和自己。

五、武術對練和武術對抗性項目的練習，運動量較大並容易升溫練習激情。可以儘快消除較胖男士和女士身體的多餘脂肪，達到減肥的效果。

六、生活在競爭激烈的現代社會，人們經常要承受很大的身心壓力。在相互的對抗練習中可以娛樂身心和消除疲勞，釋放身心積蓄的壓力和鬱悶。

本書是我們幾位作者從健身和防身角度出發，爲大眾初學者創編的武術對練和對抗的理論知識和練習方法。目的是想讓讀者瞭解、參與、感受武術的這些本質内容，有興趣地參與這些内容的健身鍛鍊，在練

習中獲得身體的健康和心理的健康，充滿信心地投入
到現代競爭激烈的社會生活中去，更好地在集體中發
揮個人的光和熱。讓具有悠久歷史的、傳統的武術對
練和武術對抗性項目爲今天的人民大衆服務。

北京師範大學體育與運動學院
王建華

7

目 錄

目

錄

武術對練和對抗健身

第一章 武術對練套路篇

第一節　武術對練套路健身問答

一、什麼是武術對練套路？主要有哪些內容？

　　武術對練套路是武術套路的一種，是以攻防技擊動作為主要內容，以預先編排好的套路形式來表現兩人或兩人以上搏鬥情景的假設性對抗練習。

　　據文獻資料記載，武術對練套路最初出現在秦代。到了宋代，武術對練套路有了新的發展，當時把拳術套路稱為「使拳」，把對練稱為「打套子」，有槍對牌、劍對牌等。如《東京夢華錄》卷四載：「內兩人出陣，對舞如擊刺之狀，一人做奮擊之勢，一人作僵仆。出場凡五七對，或以槍對牌、劍對牌之類。」可見，宋代當時的對練內容相當豐富多彩，表演的技藝也驚險逼真。

武術對練主要包括徒手對練、器械對練、徒手與器械對練三類內容。

(一)徒手對練

是以徒手的踢、打、摔、拿等攻防技術組成的拳術對練套路。不同的拳種有不同的對練特點。常見的徒手對練有長拳對練、太極拳對練、八極拳對練、南拳對練、象形拳對練等。

(二)器械對練

是使用同樣或不同的武術器械進行的器械對練套路。常見的器械對練套路有樸刀進槍、對刺劍、三節棍對盾牌刀、棍對棍、刀對槍、大刀進槍、棍對耙、棍對凳等。不同地區、流域還有自己獨特的對練套路等。

(三)徒手對器械

是一方使用拳術技法、另一方使用器械技法進行的對練套路，最後徒手者奪取或擊掉對方的器械為這種對練套路的結束。常見的徒手對器械對練套路有空手奪刀、空手奪槍、空手奪雙槍、空手奪匕首等。

二、武術對練套路與武術對抗運動有哪些 區別？

武術對練套路是練習者之間按照固定的動作次序進行的假設性對打練習，其目的主要是為了體現武術的攻防技術原理，表現武術攻防的美感和韻律，以動作的難度品質

及完成的效果分勝負。其屬性為套路運動。

而武術對抗運動是指練習者之間預先沒有固定的動作次序，在實戰中對抗雙方都以對方行動為轉移，互相指向對方弱點，避開對方堅實處，由較量來分勝負。通俗地說，武術對抗運動是「真打」，武術對練運動是「假打」。其屬性為搏鬥運動。

三、學練武術對練套路對人的身心健康有哪些良好作用？

學習和經常練習武術對練套路，除可獲得一般的身心健康效果之外，還能夠提高練習者的以下幾方面身體素質和心理素質。

（一）練習武術對練套路時，雙方的進攻和防守要假戲真做，默契逼真，要求大腦反應要快，迅速判斷的能力要強。這樣就使得練習者的精神高度集中並處於一定的緊張狀態，這對神經系統的機能有良好的影響，是對神經系統極好的鍛鍊。可使神經興奮性增高，反應速度和應變能力增強。

（二）練習武術對練套路時，雙方都要受到對方進攻和防守動作的制約，要有良好的時間感、空間感和肌肉本體感覺，在完成每個動作時才能使身體各部分的配合更加協調。這樣的鍛鍊可以增強神經系統支配肢體的功能，有效提高身體的協調性。

（三）武術對練套路不同於單練套路，練習速度要受到對方動作速度的制約，進攻防守速度快，反擊速度也要快，有時被對方逼迫必須快速完成自己的動作。因此能有

效提高動作速度和靈活性，提高迅速完成動作的能力。

（四）演練好一個武術對練套路，需要與對手的默契配合，可以調整自己的心態，潛移默化地提高與人融合相處的能力。

四、應按照怎樣的步驟學習武術對練套路？

初學者學練拳術對練套路之前，最好要先學練一些武術的基本手型、步型、手法、腿法和簡單的基礎單人套路；學練器械對練套路之前，最好要先學練一些器械的基本使用方法和簡單的基礎單人器械套路。在此基礎上，要遵循以下步驟：

（一）和同伴一起，把所要學習的對練套路按往返和結構分成若干組。

（二）和同伴確定好甲乙方，先分別學會第一組對練各自的單人動作，並達到比較熟練的程度。然後和同伴慢速配合練習，熟悉對方的動作規律和習慣，達到比較熟練的程度。逐漸加快對練的練習速度，直至能快速完成。依此程式學習每組動作。

（三）將全套對練動作熟練之後，再和同伴一起逐段研究其中主要進攻和防守技術方法的配合時機、表現的重點。

（四）有機會盡可能地進行表演，促進全套對練動作水準的提高。

（五）和同伴一起注意觀察其他同類或不同類的對練套路，吸取有益之處，補充和改進自己的對練套路。

五、練好武術對練套路需要具備哪些身心素質？

（一）良好的武德和持之以恆的意志品質。
（二）身體的協調以及與對方默契配合的能力。
（三）良好的時間感、空間感和肌肉本體感覺。
（四）迅速反應和判斷的能力。
（五）具有進攻、防守、反擊的速度。

六、學練武術對練套路時應注意的問題？

（一）要經常進行武術基本功和基本動作的練習

根深則葉茂，基固則樓高。基本功紮實與否，直接影響到武術對練套路技術水準的提高。初學者要經常進行肩、臂、腰、腿等部位的基本功練習，以及武術手型、手法、步型、步法、身型、身法、跳躍、平衡、跌撲滾翻等練習。

（二）要搞清武術對練套路中每個動作的規格和要點

雖然武術對練套路對動作規格的要求沒有單練套路要求的那樣嚴格，但有水準的個人動作更能體現出對練套路的整體演練水準。初學者一定要注意武術對練套路個人動作的正確姿勢和動作協調，按動作規格和要求練習，不可急於求成。如果還未掌握動作規格、要求和要領就追求快

速,盲目用力,一旦形成錯誤動作,以後想糾正就很困難了,拳諺稱之為「學拳容易改拳難」。

(三)要弄清每個動作的具體攻防含義

弄清每個動作的攻防含義對提高武術對練套路的演練水準十分重要。明確攻防含義的每個動作可以表現出進攻和防守的逼真情景和無窮的變化。總體展現出武術運動的技擊特徵。另外,清楚瞭解了動作的攻防含義,也可使學習者比較容易地體會動作的要點,使每一動作都有了針對性和目的。如果不瞭解動作含義,儘管演練者的速度快,亮相美,卻體現不出武術的味道。

只有瞭解每一動作的用法,才能做到動之有理,運之有法,神形兼備。初學者不可忽視。

(四)要持之以恆地經常練習

高水準的武術對練套路演練是對練雙方長時間磨合的結果。初學者一定要貴在有志,貴在持之以恆。

七、如何欣賞武術對練套路的比賽?

觀賞令人眼花繚亂的武術對練比賽,一般觀眾可從以下幾個角度去欣賞、評價比賽的水準。

(一)看雙方運動員所表現的個人功夫是否有水準,能否展現所練拳種風格特點。

(二)看雙方運動員所採用的進攻技術和防守技術動作是否準確、合理,是否符合武術的攻防規律和人體的運

動規律。

（三）看表演的對練套路中所表現的技術方法是否充實豐富，結構佈局是否勻稱，整套技術結構是否緊湊和有節奏。

（四）看運動員之間的動作配合是否熟練默契，攻防意識是否逼真，攻防配合是否嚴密。

（五）整體感覺運動員是否展現出了自己的風格特點。

八、學練武術對練套路的安全注意事項？

武術對練雖說是一種假設性的對抗練習，但練習時稍不注意也有出現傷害事故的可能。武術對練時應注意以下幾點，避免出現身體的損傷。

（一）學習武術對練套路之前，要先學練一些相應的拳術或器械的基本功和基本動作，適應對練時的個人動作。

（二）練習武術對練套路之前，要做好身體主要關節的準備活動。

（三）要熟記自己和同伴的動作，默契配合。

（四）練習時要集中注意力。

第二節　武術對練健身練習

一、拳術對練短套

(一)拳術對練短套之一

1. 預備勢：甲（白方）乙（黑方）雙方相對站立，間隔一臂距離；兩腳併攏，挺胸收腹。（圖1-1）

2. 甲乙雙方同時左腳開步並抱拳。（圖1-2）

3. 甲：左沖拳擊打乙方頭部。乙：右掌拍擊防守。（圖1-3）

4. 甲：右沖拳擊打乙方頭部。乙：左掌拍擊防守。（圖1-4）

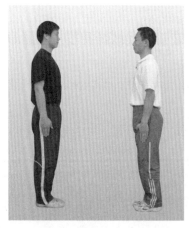

圖 1-1

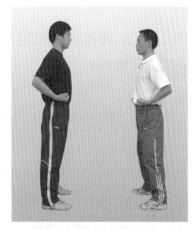

圖 1-2

圖 1-3　　　　　　　　　　圖 1-4

　　5. 甲：左摜拳擊打乙方頭部。乙：右分掌格擋防守。
（圖 1-5）

　　6. 甲：右摜拳擊打乙方頭部。乙：左分掌格擋防守。
（圖 1-6）

圖 1-5　　　　　　　　　　圖 1-6

7. 甲：左沖拳擊打乙方胸部。乙：右掌向下拍擊防守。（圖1-7）

8. 甲：右沖拳擊打乙方胸部。乙：左掌向下拍擊防守。（圖1-8）

9. 甲：雙摜拳擊打乙方頭部。乙：雙分掌格擋防守。（圖1-9）

圖1-7

圖1-8

圖1-9

10. 乙：雙推掌擊打甲方胸部。甲：雙掌下按防守。
（圖 1–10）

11. 甲乙雙方同時屈臂回收抱拳。（圖 1–11）

12. 乙：左沖拳擊打甲方頭部。甲：右掌拍擊防守。
（圖 1–12）

圖 1–10

圖 1–11

圖 1–12

13. 乙：右沖拳擊打甲方頭部。甲：左掌拍擊防守。
（圖 1-13）

14. 乙：左摜拳擊打甲方頭部。甲：右分掌格擋防守。
（圖 1-14）

15. 乙：右摜拳擊打甲方頭部。甲：左分掌格擋防守。
（圖 1-15）

圖 1-13

圖 1-14

圖 1-15

16. 乙：左沖拳擊打甲方胸部。甲：右掌向下拍擊防守。（圖 1–16）

17. 乙：右沖拳擊打甲方胸部。甲：左掌向下拍擊防守。（圖 1–17）

18. 乙：雙摜拳擊打甲方頭部。甲：雙分掌格擋防守。（圖 1–18）

圖 1–16

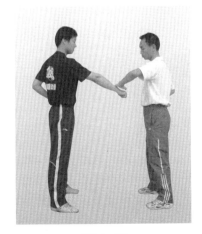

圖 1–17

圖 1–18

19. 乙：雙推掌擊打甲方胸部。甲：雙掌下按防守。（圖 1-19）

20. 甲乙雙方屈臂回收抱拳。（圖 1-20）

21. 甲乙雙方收腳並步站立；同時雙手下垂於身體兩側。（圖 1-21）

圖 1-19

圖 1-20

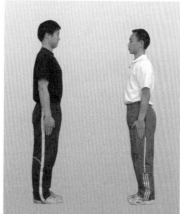

圖 1-21

(二)拳術對練短套之二

1. 預備勢：甲（白方）乙（黑方）雙方相對站立，間隔一臂距離；兩腳併攏，挺胸收腹。（圖 1–22）

2. 甲乙雙方同時將右腿後撤一步成格鬥姿勢。（圖 1–23）

3. 甲：左沖拳擊打乙方頭部。乙：右手拍擊防守。（圖 1–24）

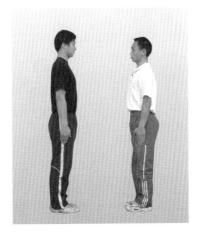

圖 1–22

圖 1–23

圖 1–24

4. 甲：右沖拳擊打乙方頭部。乙：左手拍擊防守。
（圖 1-25）

5. 乙：右沖拳擊打甲方頭部。甲：左手拍擊防守。
（圖 1-26）

6. 乙：左沖拳擊打甲方頭部。甲：右手拍擊防守。
（圖 1-27）

圖 1-25

圖 1-26

圖 1-27

7. 乙：右抄拳擊打甲方腹部。甲：左臂下掩防守。
（圖 1-28）

8. 乙：左抄拳擊打甲方腹部。甲：右臂下掩防守。
（圖 1-29）

9. 甲：左抄拳擊打乙方腹部。乙：右臂下掩防守。
（圖 1-30）

圖 1-28

圖 1-29

圖 1-30

10. 甲：右抄拳擊打乙方腹部。乙：左臂下掩防守。
（圖 1-31）

11. 乙：右擺拳擊打甲方頭部。甲：下潛躲閃。（圖 1-32）

12. 甲：左擺拳擊打乙方頭部。乙：下潛躲閃。（圖 1-33）

圖 1-31

圖 1-32

圖 1-33

13. 甲：右擺拳擊打乙方頭部。乙：下潛躲閃。（圖
1-34）

14. 乙：左擺拳擊打甲方頭部。甲：下潛躲閃。（圖
1-35）

15. 甲：右頂膝撞擊乙方腹部。乙：雙掌下按防守。
（圖 1-36）

圖 1-34

圖 1-35

圖 1-36

16. 乙：右頂膝撞擊甲方腹部。甲：雙掌下按防守。（圖 1–37）

17. 甲乙雙方還原成格鬥姿勢。（圖 1–38）

18. 甲乙雙方還原成立正姿勢。（圖 1–39）

圖 1–37

圖 1–38

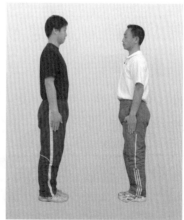

圖 1–39

(三)拳術對練短套之三

1. 甲乙雙方間隔一臂距離相對而站。（圖 1–40）
2. 甲上左步、乙後撤右步同時成格鬥姿勢。（圖 1–41）

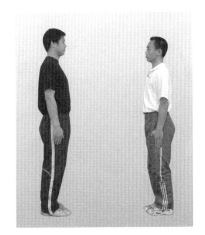

圖 1–40

圖 1–41

3. 甲：右低橫踢乙方小腿。乙：提左膝躲過對方的攻擊。（圖1-42）

4. 甲：右腿高橫踢踢乙方的頭部。乙：撤左腿同時雙掌向下拍擊防守。（圖1-43）

圖 1-42

圖 1-43

5. 甲：左腿做 360° 後旋踢踢乙方的頭部。乙：下蹲潛伏躲過甲方的攻擊。（圖 1-44）

6. 甲乙同時成格鬥姿勢。（圖 1-45）

圖 1-44

圖 1-45

7. 乙：左低橫踢踢乙方小腿。甲：提右膝躲過對方的攻擊。（圖1-46）

8. 乙：左腿高橫踢踢乙方的頭部。甲：撤右腿，同時雙掌向下拍擊防守。（圖1-47）

圖1-46

圖1-47

9. 乙：右腿做 360° 後旋踢踢甲方的頭部。甲：下蹲潛伏躲過乙方的攻擊。（圖 1–48）

10. 甲乙同時成格鬥姿勢。（圖 1–49）

圖 1–48

圖 1–49

11. 甲乙雙方同時還原成立正姿勢。（圖1-50）

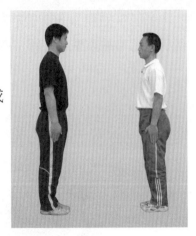

圖1-50

(四)拳術對練短套之四

1. 預備勢：甲（白方）乙（黑方）雙方相對站立，間隔一臂距離；兩腳併攏，挺胸收腹。（圖1-51）

2. 甲乙雙方同時左腳開步並抱拳。（圖1-52）

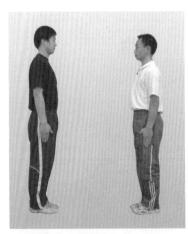

圖1-51

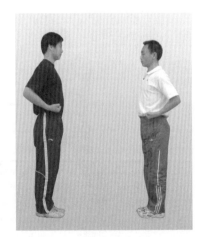

圖1-52

3. 甲：上左步，成左弓步向下撞右臂。乙：退右步，成左弓步向下撞右臂。（圖1-53）

4. 甲：左弓步向上撞右臂。乙：左弓步向上撞右臂。（圖1-54）

圖 1-53

圖 1-54

5. 甲：左弓步向下撞右臂。乙：左弓步向下撞右臂。（圖1-55）

圖 1-55

6. 甲：上右步成右弓步向下撞左臂。乙：退左步成右弓步向下撞左臂。（圖 1-56）

7. 甲：右弓步向上撞左臂。乙：右弓步向上撞左臂。（圖 1-57）

圖 1-56

圖 1-57

8. 甲：右弓步向下撞左臂。乙：右弓步向下撞左臂。
（圖1-58）

9. 甲：左前踢腿踢擊乙方腹部。乙：退右步雙掌下按
防守。（圖1-59）

圖1-58

圖1-59

10. 甲：右前踢腿踢擊乙方腹部。乙：退左步雙掌下按防守。（圖1-60）

11. 甲：轉身側踹腿踢擊乙方腹部。乙：退右步雙掌下按防守。（圖1-61）

圖1-60

圖1-61

12. 甲乙雙方還原成格鬥姿勢。（圖 1–62）

13. 乙：上右步成右弓步向下撞左臂。甲：退左步成右弓步向下撞左臂。（圖 1–63）

圖 1–62

圖 1–63

14. 乙：右弓步向上撞左臂。甲：右弓步向上撞左臂。
（圖 1-64）

15. 乙：右弓步向下撞左臂。甲：右弓步向下撞左臂。
（圖 1-65）

圖 1-64

圖 1-65

16. 乙：上左步成左弓步向下撞左臂。甲：退右步成左弓步撞右臂。（圖1-66）

17. 乙：左弓步向上撞右臂。甲：左弓步向上撞右臂。（圖1-67）

圖 1-66

圖 1-67

18.乙：左弓步向下撞右臂。甲：左弓步向下撞右臂。（圖 1-68）

19.乙：右前踢腿踢擊甲方腹部。甲：退左步雙掌下按防守。（圖 1-69）

圖 1-68

圖 1-69

20. 乙：左前踢腿踢擊甲方腹部。甲：退右步雙掌下按防守。（圖1–70）

21. 乙：轉身側踹腿踢擊甲方腹部。甲：退左步雙掌下按防守。（圖1–71）

圖1–70

圖1–71

22. 甲乙雙方還原成格鬥姿勢。（圖 1-72）

23. 甲乙雙方還原成立正姿勢。（圖 1-73）

圖 1-72

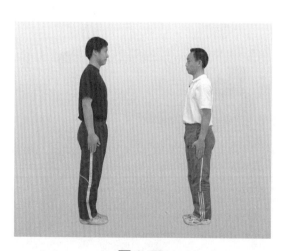

圖 1-73

(五)拳術對練短套之五

1. 甲乙雙方一臂間隔距離，同向立正站立。（圖1-74）

2. 甲乙雙方同時抱拳屈肘於腰間。（圖1-75）

3. 甲：雙掌上舉交叉於頭頂上方，掌心向外。乙：左甩頭目視甲方。（圖1-76）

圖1-74

圖1-75

圖1-76

4. 甲：上右步劈掌。乙：退右步架掌。（圖 1–77）

5. 甲：轉身上左步鞭拳擊打乙方胸部。乙：退左步右臂格擋，同時左手抱拳於腰間。（圖 1–78）

圖 1–77

圖 1–78

6. 甲：上右步馬步橫打，拳眼向內。乙：退右步半馬步格擋。（圖1-79）

7. 乙：左弓步沖拳擊打甲方腹部。甲：右弓步按掌。（圖1-80）

圖 1-79

圖 1-80

8. 甲：提左膝，同時雙手變爪，右爪鎖乙方喉部，左爪置於左臉頰處。乙：重心後移，提左膝外格擋。（圖1-81）

9. 甲乙雙方同時落腳。（圖1-82）

10. 乙：右轉身，雙手交叉於胸前。（圖1-83）

圖 1-81

圖 1-82

圖 1-83

11. 乙：上右步劈掌。甲：退右步架掌。（圖1-84）

12. 乙：左轉身橫擊掌，右手抱於腰間。甲：退左步格擋。（圖1-85）

13. 乙：上步馬步橫打。甲：退右步半馬步格擋。（圖1-86）

圖 1-84

圖 1-85

圖 1-86

14. 甲：重心前移，左弓步沖拳擊打乙方腹部。乙：重心前移，右弓步下按掌。（圖1-87）

15. 乙：提左膝探爪，右爪鎖甲方喉部。甲：提左膝格擋。（圖1-88）

圖 1-87

圖 1-88

圖 1-89

16. 甲乙雙方同時左轉身落步揮掌。（圖 1-89）

17. 甲乙雙方並步斜上舉，眼看左掌。（圖 1-90）

18. 甲乙雙方同時兩掌下按於腹前。（圖 1-91）

19. 甲乙雙方同時還原成立正姿勢。（圖 1-92）

圖 1-90

圖 1-91　　　　　　　　圖 1-92

二、短棍對練短套

1. 甲乙雙方立正站立，右手持棍於腰間。（圖 1-93）

2. 甲：雙手握棍，左轉身向左橫掃。乙：開步雙手握棍，立棍格擋。（圖 1-94）

圖 1-93

圖 1-94

3. 甲：順時針掄棍，橫掃乙方頭部。乙：下蹲躲閃，同時棍把向右上方撥棍。（圖1–95）

4. 甲：逆時針掄棍，跪步下掃乙方小腿。乙：提右膝翻把下格。（圖1–96）

圖 1–95

圖 1–96

5. 甲：上右步下劈棍。乙：撤右步上架棍。（圖 1-97）

6. 乙：單手掄棍橫掃甲方胸部。甲：身體左轉立棍格擋。（圖 1-98）

圖 1-97

圖 1-98

7. 乙：沿順時針方向掄棍，橫掃甲方頭部。甲：俯腰躲閃。（圖 1–99）

8. 乙：右轉身掄棍下劈。甲：退右步上架棍。（圖 1–100、圖 1–101）

圖 1–99

圖 1–100

圖 1-101

9. 乙：上左步右撩棍。甲：退左步左下格擋。（圖 1-
102）

圖 1-102

10. 乙：翻腕左撩棍。 甲：翻腕右下格擋。（圖 1-103）

11. 乙：翻腕右撩棍。 甲：翻腕左下格擋。（圖 1-104）

圖 1-103

圖 1-104

12. 乙：上左步左撩棍。甲：退左步翻腕下格擋。（圖1–105）

13. 甲：上右步雙手沿順時針方向斜上掄棍。乙：沿順時針方向斜上掄棍。（圖1–106）

圖 1–105

圖 1–106

14. 甲：右轉腰沿逆時針方向平掄棍。乙：後叉步下蹲躲閃。（圖 1-107）

15. 乙：左轉腰撥棍擊打甲方頭部。甲：前滾翻躲閃。（圖 1-108～圖 1-110）

圖 1-107

圖 1-108

圖 1-109

圖 1-110

16. 甲乙雙方右手握棍成虛步持棍。（圖 1-111）

圖 1-111

17. 乙：上右步下劈棍。甲：退左步弓步上架。（圖 1–112）

18. 乙：翻腕上撩棍。甲：下壓防守。（圖 1–113）

圖 1–112

圖 1–113

19. 乙：翻腕下劈棍。甲：提右膝下蓋防守。（圖1-114）

20. 甲：叉步戳把，戳擊乙方膝蓋。乙：提膝下格擋。（圖1-115）

圖1-114

圖1-115

21. 甲：轉身弓步戳棍。乙：右腳下放，立棍格擋。
（圖 1-116）

22. 甲：右腳向後插步。乙：左腳前上一步挑把。（圖
1-117）

圖 1-116

圖 1-117

23. 甲：右轉身扛棍。乙：右腿後插步扛棍。（圖1–118）

24. 甲乙雙方轉身斜上掃棍。（圖1–119）

圖 1–118

圖 1–119

25. 甲乙雙方打腕花後將棍立於身體右側。（圖1–
120～圖1–122）

圖1–120

圖1–121

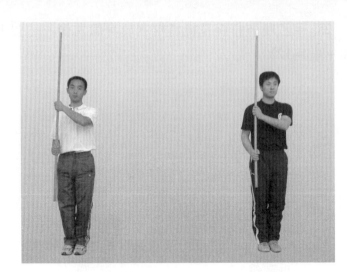

圖 1–123

26. 左手下落；右手持棍於身體右側；目視前方。（圖 1–123）

圖 1–123

第二章
武術散手篇

第一節　武術散手健身基本知識問答

一、武術散手和武術散打有哪些區別？

　　武術散手原來是指我國武術中的徒手搏鬥技術，可以使用身體的任何部位，專門攻擊對手的要害部位，是武術傳統意義上的徒手搏殺。而現在見到的武術散手比賽是武術的對抗項目之一，是從 1979 年實驗開展，1989 年成為我國正式的全國競賽項目。現代武術散手是雙方在一定規則限制下，在擂臺上使用踢、打、摔等技術進行的體育競技性格鬥，是正規的體育比賽。武術散打主要是為了與國際上的同類對抗項目進行交流，走向世界。

　　武術散打比武術散手的規則更加開放，如護具只帶拳套和護襠；允許使用膝的技法（有時也可以使用肘的技法）攻擊對手；比賽的局數有時也可以雙方商定。運動員

比賽時使用的技術叫武術散手。

1993 年武術散手比賽成為全國運動會競賽項目。1993 年 10 月，在馬來西亞吉隆坡舉行的第 2 屆世界武術錦標賽中，被列為正式比賽項目；1996 年在菲律賓舉行的第四屆亞洲武術錦標賽上，成為正式項目；1998 年被列為泰國曼谷第 12 屆亞洲運動會競賽項目。

至今中國武術散手已成為區別於中國武術套路和世界上其他國家搏鬥運動的新興對抗性體育項目。近年來，中國選手在散打王爭霸賽、中美散打拳擊對抗賽、散打泰拳對抗賽等中外武術對抗項目比賽中均有出色表現。

二、武術散手有哪些鍛鍊價值？

參加武術散手比賽的運動員需要具備很好的身體素質，以及攻擊、防守、抗擊、反擊等多方面身體能力和沉著冷靜、遇事不驚的心理能力。圍繞這些身心能力的訓練內容和方法是非常豐富的。其中的很多內容對普通身體素質的練習者（沒有參加武術散手比賽的條件和機會）來講，是非常有趣的健身練習。武術散手對身心的鍛鍊價值主要有：

（一）武術散手中的很多練習方法都能全面發展身體素質，提高身體動作的速度、擊打力量、靈敏和對抗耐力等方面的體能，使身體更加強壯和靈活。

（二）武術散手的對抗練習能夠消除軟弱和怯懦等不良心理，提高人的心理承受力。

（三）對抗是人的先天本能，在直接與人的攻防對抗

中學會與同伴在競爭中相處，提高對社會生活的承受和適應能力。

（四）學習武術散手要瞭解人體的要害部位。這樣可以明確擊打目標，還可以避免日常生活中傷及別人和自己。

（五）武術散手的練習運動量較大，對較胖的人可以儘快消除身體的多餘脂肪，達到減肥的效果。

三、初學武術散手應做哪些準備？練習哪些內容？

武術散手具有對抗性和需要一定的身體能力。因此，學練之前要先進行一些身體素質、自我保護以及抗擊打練習。

練習武術散手需要多方面的身體素質。因此，對於沒有基礎的初學者來講，各種體育項目中能提高速度、靈敏、力量、耐力、柔韌的練習，都對學練武術散手有直接和間接的作用。

武術散手的常用身體素質練習的內容十分豐富。如徒手可以進行快速俯臥撐、拳臥撐、仰臥起坐、蹲跳換步、蹲跳沖拳等練習；使用輕器械可以進行推啞鈴、擰捲重物、跳步推舉小槓鈴、臥推小重量的槓鈴等。

練習上述內容之前要做手腕、肘、肩、頸關節的屈伸和繞環等準備活動。如果沒有啞鈴和槓鈴等練習器具，自己可以製作代用品。根據自己的身體條件、時間等實際情況，從中選擇適合的內容，自我設計製訂一個能每天練習的簡單訓練計畫。用每天有一定運動量的身體練習來保證

身體健康。

四、練習武術散手一般需要瞭解哪些知識？

(一)瞭解武術散手的禁擊部位，防止傷害事故發生

《武術散手競賽規則》中嚴格規定：「在比賽中禁止擊打對方運動員的後腦、頸部、襠部；對方運動員的頭部、軀幹、大腿和小腿為得分部位。」後腦、頸部、襠部都是人體的要害部位，受到重擊會出現休克或死亡。如後腦是呼吸和心跳中樞的所在區域。瞭解《規則》中的禁擊部位，可避免犯規和出現傷害事故。

(二)瞭解武術散手禁止使用的犯規動作，以便與同伴練習時相互保護

各種有身體接觸的球類運動項目（如籃球、足球、橄欖球等）的規則中，都有禁止使用的犯規動作。各種對抗性運動項目（如拳擊、摔跤、跆拳道等）的規則中都有嚴格禁止使用的動作和禁擊部位。目的都是為了保護運動員和練習者的安全。

禁止使用的犯規動作主要有：用頭、肘、膝和反關節的動作進攻對方；用迫使對方頭部先著地的摔法或有意砸壓對方；用腿法攻擊倒地方的頭部等。

(三)瞭解武術散手各類技術的主要內容

武術散手各類技術的內容主要有：準備姿勢；步法主

要有上步、退步、閃步、墊步等；進攻技術中拳法主要有沖拳、摜拳、抄拳、彈拳、鞭拳等；腿法主要有蹬腿、彈腿、踹腿、點腿、掃腿、勾踢、撞膝、頂膝等。

武術散手的摔法必須使用快摔，不能像摔跤那樣不斷地搶把爭力，主要有抱腿前頂、蹬絆踢、撥頸勾踢、抄腿別摔等。防守技術主要分為兩類：第一類是接觸防守，是用自己的肢體破壞對手的進攻，如拍擋，掛擋，拍壓，掩肘、抄、掛等。第二類是非接觸防守，是用自己身體的晃動或位移破壞對手的進攻，如撤步，下閃，左、右閃躲，搖身，提膝等。

另外，還有防守反擊以及各種戰術等。

(四)瞭解有關武術散手的文化

瞭解有關武術散手的傳統和現代文化，有助於技術動作的提高，也有助於加深對所練內容的認識，豐富自己的生活。

五、武術散手的準備姿勢有幾種？練習時要注意什麼？

準備姿勢是各種實戰技法的起始和終止姿勢。也叫實戰姿勢。學練武術散手先要練好這種姿勢，熟練後可以再做多種變化。傳統武術中的準備姿勢很多，但一般可分為開門（雙手分開）、閉門（雙手內合）、背門（背對對手）和高、中、低三種架子。

練習時要特別注意，在接近對手、與對手對峙的過程中，實戰姿勢既要能保護和防守自己的要害部位，更要便

於隨時出擊進攻對手，使自己處於攻守兼備的姿態。

另外，實戰姿勢在應用時的高低要隨對手的情況而定，姿勢不可太低。要能移動方便，攻守靈活。初期學練要從最基本的姿勢入手。

六、武術散手的步法對健康有什麼用？初學武術散手步法應怎樣練習？

經常進行武術散手的步法練習，可以提高下肢的靈活性和對下肢的控制能力，還可以提高對距離的判斷能力。另外也可以提高反應能力。

步型和步法是武術各類技術的技術基礎。可以說武術「踢、打、摔、拿」各類技術都是在步型和步法的基礎上完成的。步法主要有上步、退步、閃步、墊步等。

步法看起來簡單，但十分重要。因為，武術散手練習和比賽中的攻擊與防守大多是在移動中進行的。對攻守雙方來講，移動中的目標不容易擊中。另外，移動中很容易造成對手的錯覺，便於接近並擊中對手。

練習各種步法時，要在保持「實戰姿勢」的前提下進行；調整與對方的距離，尋找和創造進攻與防守的最佳機會。

常用的練習方法主要有：

（一）反覆進行一種步法的單動練習。如連續練習單動的前進、後退、插步、墊步等。

（二）組合兩種步法的反覆練習。如反覆做前進步——後退步；前進步——閃身步；蓋步——插步；前進步——墊步等。

（三）體會距離感的兩人配合步法練習。兩人的前手之間保持一臂距離，進行甲方主動、乙方被動的步法練習。如甲方前進一步，乙方後退一步；甲方左閃步，乙方右閃步等。保持一定距離，雙方面對做好實戰姿勢，同時主動做各種步法。

（四）提高應變能力的信號步法練習。根據同伴的口令，手勢練習各種步法。還可以兩人相距一定距離，根據同伴的進攻、防守動作練習各種步法。

七、什麼是武術散手的進攻技術，防守技術和防守反擊技術？

在接近了對手或對手進入了你的防守範圍，這時你就要把自己的肢體變成武器，使用武術散手的各種拳法、腿法、摔法等進攻技術出擊了。這些用於攻擊的技術就是進攻技術。

為了阻止對方的進攻技術，你還要讓自己的肢體成為盾牌，使用格擋、抄掛、閃躲等技術阻止或避開對方的進攻；這些用於防守的技術就是防守技術。在防守的同時還要伺機進行出其不意的還擊，這就是防守反擊技術。

八、初學武術散手的手法應從哪種開始？練習時要注意什麼？

武術散手的手法可以分為進攻和防守兩類。

進攻手法主要是用拳攻擊對方的頭部和軀幹，如直線向前擊打的沖拳、彈拳等；弧線側擊的摜拳、鞭拳等；由下向上的抄拳等；由上向下的砸拳等；進攻手法講究擊打

的速度和力度。防守手法主要用於阻止對方的攻擊，如由外向內的拍擋；由內向外的格擋；由下向上的架擋；由上向下的壓擋；以及用肩背阻擋等。防守手法強調防守的時機和準確度。

初學者一般應從沖拳學起。因為沖拳的技術要領含量高，可以說是涵蓋了其他拳法的主要技術環節，學會了沖拳再學其他拳法就容易了。

另外，左沖拳距離對手近，出拳時預兆小，能攻能反擊，還能為使用其他進攻技術創造機會，是最常用的進攻技術。右沖拳進攻距離長，能充分利用蹬地轉身而加大沖擊的力度，是重要的進攻重擊動作。

學練沖拳或其他拳法均要注意，在開始學習時就要養成一手進攻的同時、另一隻手處於防守狀態的習慣。同時要注意放長擊遠，儘量伸展手臂擊打遠處的目標。這樣的練習既有運動量，又可以提高運動時身體的幅度，使人的運動姿態更加健美。

九、初學武術散手的腿法應先做哪幾種練習？練習時要注意什麼？

如果把下肢和上肢的長度、力量進行比較，前者佔有絕對優勢。因此，腿法在散手比賽和防身自衛中佔有重要的地位。武術散手比賽中運用的腿法主要有蹬腿、彈腿、踹腿、點腿、掃腿、勾踢、撞膝、頂膝等。

初學者一般應從彈踢學起，從側踹腿練起。因為彈踢是一條腿做由屈到伸的接近自然的動作，既可以練習力量，又可以提高對腿的控制能力。有了彈踢的基礎之後，

再學練側踹腿，因為側踹腿是一條腿做由屈到伸的側向伸展動作，同時支撐腿還要有蹬地擰轉的配合。這兩種腿法可以說是涵蓋了其他腿法的主要技術環節，學會了再學其他腿法就容易了。

另外，彈踢是防身時的實用腿法；側踹腿在使用時容易調整步法，變化多，速度快，力量大，對方不容易防守。是比賽和實戰中使用率較高的腿法。

初期練習彈腿時要注意以膝領腳，繃腳尖前踢。初期練習側踹腿時要注意踹出腿的髖、膝關節要挺直，要勾腳尖；同時支撐腿要助力。動作熟練之後，可以配合踢靶來提高興趣。

彈踢可以有效提高大腿股四頭肌的力量；側踹腿可以有效提高腰、髖、腿的肌肉力量，以及腿的側向展開幅度。

學練這兩種腿法之前，要先練習壓腿等基本功，避免腿部肌肉和韌帶的拉傷。

十、怎樣提高腿法的踢擺幅度？

腿法在武術中分為直擺性腿法，如正踢腿、外擺腿；屈伸性腿法，如彈腿、蹬腿；掃轉性腿法，如前掃腿、後掃腿；擊響性腿法，如拍腳、裏合腿擊響等。

腿法屬於武術踢、打、摔、拿四類技術中較有難度的一類。因為必須要經過加大腿部運動幅度的柔韌性練習，以及踢沙袋等硬度練習，腿法才能達到一定水準，才能具有隨心所欲地進攻和防守能力。

提高腿部柔韌性的練習方法十分豐富。經常運用的主要有壓腿、耗腿、搬腿、踢腿、控腿等多種傳統練習方法。

壓腿：將腳跟放在一定高度的支撐物上，伸直膝關節，然後上體反覆下壓。壓腿的方法主要有正壓腿、側壓腿、斜壓腿、後壓腿等。

耗腿：將腿壓到一定程度，然後保持不動，待疼痛感逐漸減少後，再不斷增加下壓的程度。各種壓腿到一定程度時都可以進行耗腿。

搬腿：由同伴幫助的練習方法。由同伴抓住被壓腿的腳，抬到一定高度後進行推壓。各種壓腿到一定程度時都可以由同伴幫助進行搬腿的練習。

踢腿：壓腿、耗腿、搬腿的練習之後，就要進行踢腿的練習，目的是使腿部既柔又韌。

踢腿的方法主要有扶支撐物的擺踢腿、正踢腿、側踢腿、斜踢腿、外擺腿、裏合腿、後踢腿等。各種踢腿均要求過腰後加速，踢起快，落地輕。

控腿：控腿是把腿抬起，保持在一定高度上的練習方法。目的是提高腿部的力量和控制能力。主要的控腿方法有前控腿、側控腿、後控腿等。

另外，腿部柔韌性的傳統練習方法還有吊腿、撕腿等。

為儘快提高腿部的柔韌性，使腿法既柔又韌，上述各種練習方法必須注意動靜結合的練習原則，把壓腿、耗腿、搬腿等抻拉性的練習和踢腿、控腿等速度、力量性練習結合起來進行；同時還要特別注意一次練習的運動量不

能太大，避免肌肉拉傷。腿部柔韌性的練習要循序漸進、持之以恆地長期堅持不懈。練習腿法之前，一定要做好準備活動，以免肌肉拉傷。

身體的大肌肉群主要聚集在兩條腿上。練習腿法可以提高心臟的功能；同時，腿法練習運動量比較大，對減肥者的形體健美有積極意義和很好的作用。

十一、防守技術有哪些主要內容？為什麼重要？

當對手用拳或腳發起進攻，或主動使用摔法時，都需要相應地用肢體格擋或移動身體，以破壞或避開對手的進攻。防守技術主要內容分為：

（一）用自己的肢體攔截和阻礙對手的進攻，稱之為接觸防守。如拍擋、拍壓、掩肘、抄掛、阻擋等。

（二）用自己身體的晃動或位移破壞對手的進攻，稱之為非接觸防守。如撤閃，左、右閃躲，搖身，提膝等。

每種接觸防守和非接觸防守的技術動作都不能太大，以恰到好處地防住或避開對方的攻擊即可。

防守技術在武術散手中佔有非常重要的位置。因為防守技術可以使對方的進攻落空或削減對方的擊打力量，有效地保護自己；同時也可以為迅速還擊創造條件。

防守動作看起來很簡單，但要做到在比賽和實戰中能隨機有效地運用卻是很難的事。需要兩人進行長期的相應技術的配合練習，才能達到一定水準。

練習防守技術可以增強自信心，提高神經的反應速度和身體的靈活性。

十二、初學武術散手的摔法是否要先練習倒地？練習時注意的要點是什麼？

快摔是中國武術散手的特色技術，在歷次國際大賽中，快摔都是戰勝國外選手的主要武器。學習摔法之前必須先學練倒地，學會這種自我保護的方法。倒地分為向前、向後、向側以及滾動倒地等數種。

初學者要從向後倒地（見後面範例）開始學起，因為身體的正面受到攻擊或對手使用向後的摔法時，向後摔倒最容易出現傷害事故。

向後倒地時要特別注意先屈膝下蹲，再順勢後倒；雙手的指尖一定要向前，以避免手腕或肘關節受傷。經常做向後倒地練習，可以防止日常生活中因倒地所引起的身體傷害。

十三、武術散手的摔法有哪幾類？初學摔法時應注意什麼？

摔法是比賽和徒手搏鬥中使用率和成功率較高的技術。武術散手的快摔主要用於防守反擊，多在防守對方拳、腳攻擊的同時迎上去使用；或在拳腳的配合下主動使用快摔的技法。

武術散手比賽中要求使用的摔法必須是快摔，不能像摔跤那樣不斷地搶把糾纏。從使用的形式上看，武術散手的摔法大致分為近身抱摔和抄腿摔兩類。這一方面是武術散手的技術特色，另一方面也是因為雙方帶著拳套所決定的。

初學摔法要找一個同伴，兩人一起研究學練。最好在墊子上或鬆軟的土地上進行練習。練習之前兩人先要練習幾次倒地，尋找一下倒地的感覺。最好從抱腿摔、抄腿絆摔等摔倒幅度小，比較安全的摔法練起。如有條件，可以用靶人練習過背摔、過腰摔等大幅度的摔法動作。與同伴練習摔法，要相互保護，摔的速度要放慢。

練習摔法可以提高人的平衡能力和空間感覺，有避免日常生活中因摔倒產生傷害的作用。

十四、什麼是一攻一防的對抗練習？練習時要注意什麼？

一攻一防的練習，就是一方用一種進攻技術進攻，另一方用相應的一種防守技術防守。如甲方用左沖拳進攻乙方頭部，乙方向右側閃躲防守；再如甲方用右鞭腿進攻乙方頭部，乙方用右手拍擋防守等。一攻一防的練習在武術散手的教學和訓練中非常重要，是練習者學會每種攻防技術之後的必經之路。在這種練習中可以體驗到每種進攻技術的恰當進攻時機和距離，還可以體驗到每種防守技術的恰當防守分寸和反擊時機。

進行一攻一防的練習時，請注意先定步後活步（雙方先在原地進行，熟練後再加上步法，在移動中進行練習）、先慢後快（不論定步還是活步練習，都要先用慢速練習，雙方適應後再加快速度）、先實後虛（進攻者先不加虛晃或假動作，雙方熟練後再加上虛晃或假動作）。一攻一防練習是初學階段的練習手段，進攻者要特別注意掌握好分寸。

十五、什麼是防守反擊？練習防守反擊的對抗練習時要注意什麼？

防守反擊就是防守對方的進攻之後，或在防守對方的進攻同時進行回擊。武術散手中的防守反擊技術主要包括拳法反擊、腿法反擊、快摔反擊等。

練習防守反擊的對抗練習時，一定要從手法的一次進攻一次防守反擊的練習開始。從中適應這種練習並摸索反擊的規律。熟練後再擴展練習腿法和摔法的反擊。要特別注意防守的同時或防守後的迅速反擊時機。

十六、為什麼要打、踢靶？打、踢靶時應注意什麼？

學會了進攻和防守的基本技術動作之後，就要透過打靶體驗進攻技術的擊打感覺，增加攻擊技術的準確性和實效威力。這是練習武術散手的重要環節。

練習時要注意以下幾點：

第一，打、踢靶之前，一定要做好手腕和身體主要關節的準備活動。

第二，持靶者和打靶者一定要精神集中，因為有時打、踢靶者會失手打偏。

第三，持靶者要注意將靶持穩。當拳腳打踢過來時要稍用力。持靶不能鬆動或將靶轉動，以避免打、踢靶者的手腕受傷。持靶者有時還可以做出還擊的動作，幫助打、踢靶的一方練習。

第四，打、踢靶者要注意每種拳法的擊打距離，瞄準

擊打目標的中心。打、踢靶時要注意每種拳法和腿法的動作規格。

第五，幾乎所有拳法和腿法都可以進行單一動作的打、踢靶練習。動作熟練之後，還可以和持靶者相互配合，把2～3種拳法或腿法組合起來進行練習。用組合方法前要和持靶的同學說明自己的組合技法，請他配合，並控制好距離和節奏。

十七、打、踢沙袋時應注意什麼？

打、踢沙袋也是練習武術散手的重要環節。沙袋有一定的重量，打、踢沙袋之前要注意兩點：

（一）要檢查沙袋是否掛好，沙袋上有無破損和異物。最好能纏好手布。

（二）擊打沙袋之前要簡單做一下手指和手腕的準備活動；踢沙袋之前要先做一些空踢的腿法練習。

打、踢沙袋時要注意兩點：

（一）打、踢沙袋的力量要由輕到重，以免手腕或腳腕受傷。

（二）打、踢沙袋不要用蠻力，要體會正確的動作要領。

十八、沒有沙袋打什麼？

沒有沙袋可以多練拳法的空擊和腿法的空踢，然後配合做一些俯臥撐、小槓鈴（或用其他稍重的日常用具）的

力量練習；對著鏡子空擊和空踢也是很好的練習方法；還可以打用線吊起來的糖紙或把毛巾的一端打一個結，另一端用細繩吊起來打或踢。這兩種方法可以練習準確性。

十九、第一次參加實戰比賽應注意什麼？

如果有機會參加實戰比賽，可以驗證自己的學習和訓練水準，是很有意義的事情。因為它不同於平時與同伴的訓練，是真正不客氣的對抗較量，未知因素很多，所以大部分第一次參賽者都會出現過分緊張、興奮等賽前的不良狀態。第一次參加實戰比賽者應注意：

第一，參賽前要與同伴進行幾次真正不客氣的對抗較量，適應真正的對抗情景，提高自己的勇氣和自信心。

第二，去觀摩幾次其他地方同水準的實戰訓練或比賽。想像自己是參賽者，在實際情景中調整自己的心理狀態。

第三，參賽前要多練習一下自己的「得意技」。實戰中下意識地使出。

第四，第一場比賽時，爭取首先擊中對手，並儘快發現對手的習慣性動作。

二十、怎樣欣賞武術散打的比賽？

武術散手比賽在高60公分，長800公分，寬800公分的木結構「擂臺」上進行，臺面上鋪有軟墊和帆布蓋單。台下四周鋪有高20～40公分，寬200公分的保護軟墊。以保證運動員在安全的場地上進行比賽。正規比賽每場採用

三局兩勝制，每局淨打 2 分鐘，局間休息 1 分鐘。為保證運動員在平等的條件下公平競爭，《武術散手競賽規則》按體重將運動員分為 48 公斤級至 90 公斤以上級（每級相差 4 公斤）共 11 個級別。上場比賽之前，運動員必須穿戴大會指定的護具（包括拳套、護頭、護齒、護胸、護襠、護腿）。穿與比賽護具顏色（護具分紅、黑兩色）相同的背心和短褲。護襠必須穿在短褲內（參加全國武術散打錦標賽的運動員僅佩戴拳套、護齒、護襠）。穿戴護具可以消減對方運動員攻擊時的大部分力量，避免運動員受到大的傷害。

比賽開始後，雙方運動員互用武術散手的技術、戰術進行攻守，以擊中對方的點數多或擊倒對手為獲勝。對方運動員的頭部、軀幹、大腿和小腿為得分部位。

比賽中禁止使用以下方法：

使用頭、肘、膝和反關節的動作進攻對方；用迫使對方頭部先著地的摔法或有意砸壓對方；用腿法攻擊倒地方的頭部等方法；用硬推的方法將對方推下臺。除禁用方法之外的武術各流派的攻防招法均為得分方法。《武術散手競賽規則》中嚴格規定：在比賽中禁止擊打對方運動員的後腦、頸部、襠部。

比賽時由一位場上裁判員指揮比賽，五位邊裁判員依據以下標準進行打分。

(一)得4分的標準

在一局比賽中，一方第一次下臺，對方得 4 分；用轉身後擺腿擊中對方軀幹部位而自己站立者；用主動倒地的

動作致使對方倒地，而自己即可站立者；使用勾踢將對方踢倒而自己站立者；使用騰空腿法擊中對方軀幹部位，而自己站立者。

(二)得2分的標準

一方倒地（兩腳以外任何部位支撐臺面），站立者得2分；用腿法擊中對方軀幹部位者；被強制讀秒1次，對方得2分；受警告1次，對方得2分。

(三)得1分的標準

用手擊中對方得分部位者；用腿法擊中對方頭部和下肢（腳除外）者；運動員消極8秒，被指定進攻後8秒內仍不進攻，對方得1分；主動倒地超過3秒不起立，對方得1分；受勸告1次，對方得1分；使用方法雙方先後倒地，後倒地者得1分。

(四)不得分的標準

方法不清楚，效果不明顯；雙方下臺或同時倒地；雙方互打互踢；用方法主動倒地，對方不得分；抱纏時擊中對方。

如果運動員在比賽中出現消極摟抱對方、處於不利狀況時舉手要求暫停等等情況為技術犯規；每出現一次技術犯規，勸告一次。如果運動員比賽中出現在裁判員「開始」的口令前或喊「停」後進攻對方；擊中對方的禁擊部位；使用不允許的方法擊中對方等情況為侵人犯規。每出現一次侵人犯規，警告一次。受罰失分達6分者，判對方

為勝。故意傷人者取消比賽資格，判對方為勝方。

運動員比賽的勝負是在每局比賽結束時，依據邊裁判員的評判結果，得分多者為勝方。另外還有優勢勝利的規定。如比賽中臺上裁判員發現雙方實力懸殊，徵得裁判長的同意，可以判技術強者為該場勝方。

另外，觀看武術散手或散打的比賽，瞭解不同身材、不同技術類型運動員的優勢和不足，以及相應的戰術策略等，也可以增加觀賞的趣味性。

運動員在武術散手比賽中應由鬥智（戰術的運用）鬥勇（技術和體能的展示）表現出良好的競技水準，取得比賽的勝利。特別是參賽雙方的技術和體能水準旗鼓相當、勢均力敵時，鬥智更為重要。比賽是運動員充分展現平時學習和訓練的多方面綜合素質的時機。

二十一、自己能否創造「絕招」？

所謂「絕招」，就是能充分表現自己的體形和體能之長，經過反覆的刻苦磨練，做出其他人很少能做出的動作或達到其他人很少能達到的結果。其實，所謂「絕招」是相對的，很多「絕招」只局限在一定範圍內。另外，很多絕招都不是難度很大和怪異的動作，都是簡單和司空見慣的動作，但達到了極熟練的程度，是在某種情況下的盡興使用。如果你想發現和創造自己的「絕招」，就必須做好思想準備，因為創絕招的過程是單調乏味的，並伴有一定的痛苦，需要堅強的毅力。如創造腿法的「絕招」，首先就需要提高腿法的攻擊幅度、力度、硬度，而這三方面的

能力就需要進行長期的壓腿、踢腿、踢實物等專門練習。

第二節　武術散手健身練習

下面介紹的武術散手基本技術都可以進行單個動作或組合動作的空擊或空踢練習；進行打手靶、踢腳靶、打沙袋、踢沙袋的練習；進行一攻一防的練習；進行防守反擊的練習等。

一、實戰姿勢

實戰姿勢是各種實戰技法的起始和終止姿勢。學練武術散手先要練好這種姿勢，熟練後可以再做變化。另外，實戰姿勢在應用時的高低要隨對手的情況而定。

【動作過程】

身體側立，兩腳前後分開約與肩寬；兩手握拳，左前右後，拳眼均朝上；左手臂彎曲，肘關節夾角在 90°～110°之間，左拳與鼻同高；右手臂彎曲，肘關節夾角小於 90°，前臂和上臂緊貼右側肋部；下頜微收，閉嘴合齒，面部、左肩、左拳正對對手（圖 2－1）。左腳在前稱為「正架」；右腳在前為「反架」。

圖 2-1

可根據個人習慣選擇，初學一般都從「正架」開始。

【動作要點】

兩腳跟微離地面；平穩但隨時可靈活動作。

【主要攻防含義】

實戰姿勢是對抗或實戰時的預備姿勢。因此，第一要便於進攻和防守，姿勢不要太低；在接近對手時和與對手對峙的過程中，能保護和防守自己的要害部位，便於隨時出擊進攻對手，使自己處於攻守兼備的姿態，非常重要。第二要便於移動，重心要控制在兩腳之間。第三要儘量縮小暴露給對手打擊的有效部位；兩手要緊護身體，保護和防守自己的要害部位。

二、基本步法

攻擊和防守大多是在移動中進行的，在移動中調整與對方的距離，尋找和創造進攻與防守的最佳機會。在接近對手和與對手對峙時的身體移動是「步法」。一般是在保持「實戰姿勢」的前提下進行各種步法。

常見常用的步法主要有：

(一)上 步

【動作過程】

前腳向前上一步，或後腳經過前腳向前上一步。

【動作要點】

上步時身體不能前後擺動，上步與兩手要同時交換。

(二)進 步

【動作過程】

前腳先向前進半步，後腳再跟進半步。

【動作要點】

進步步幅不宜過大，後腳跟進後的身體姿勢不變，銜接進步與跟步時越快越好。

(三)退 步

【動作過程】

後腳先退半步，前腳再退回半步。或前腳經過後腳向後退一步，同時左右拳前後交換。

【動作要點】

後退時上體不要前俯。

(四)閃 步

【動作過程】

左腳向左側移半步，右腳隨之向左滑步，同時身體向右轉動約 90°。

【動作要點】

步法輕靈，轉體閃躲靈活、敏捷。

(五)墊 步

【動作過程】

後腳蹬地向前腳內側併攏，同時前腿屈膝提起。

【動作要點】

後腳向前腳併攏要急速，墊步與提膝不脫節、停頓、騰空；身體要快速向前移動。

(六)插 步

【動作過程】

後腳向左橫移一步，腳跟離地，兩腳略呈交叉。

【動作要點】

插步時身體不要移動，左側仍與對手相對，插步後要及時還原成預備勢。

三、基本拳法

(一)沖 拳

沖拳是直線擊打對手的進攻手法。

1. 左沖拳

【動作過程】

實戰姿勢預備。右腳蹬地，左腿保持身體平穩；身體向右擰轉，左臂伸展，拳向前直線沖出。還原時要以腰帶肘回收，迅速還原成實戰姿勢。（圖 2-2）

圖 2-2

【動作要點】

沖出的路線要直；上臂要伸展，動作要快速有力。

【主要攻防含義】

左沖拳是最常用的進攻技術。特點是距離對手近，出拳時預兆小；既可主動進攻，又能防守反擊，靈活性強；但相對的力度較小，在實戰中可以靈活打擊對方腰部以上的任何部位。或用虛招誘晃對手，以假亂真，為接著使用其他進攻技術創造機會。這種拳法多用於進攻對手的頭部和軀幹。

2. 右沖拳

【動作過程】

實戰姿勢預備。沖拳時右腳蹬地，右髖內合，轉腰送肩，直線向前沖出，力達拳面；同時左拳變掌或握拳回收至右肩內側。還原時以腰帶肘，主動還原成實戰姿勢。（圖 2-3）

【動作要點】

蹬地、轉腰、出拳的動作要協調順達。

【主要攻防含義】

右沖拳是重要的重擊進攻動作。特點是進攻距離長，能充分利用蹬地轉身而加大擊打的力度，在實戰中具有較強的威脅作用和殺傷力。有時一擊便可結束比賽。這種拳法多用於進攻對手的頭部和軀幹。

(二)摜　拳

摜拳是平弧線擊打對手的進攻手法。

圖 2-3　　　　　　　　　圖 2-4

1. 左摜拳

【動作過程】

實戰姿勢預備。右腳蹬地，左腿保持身體平穩；身體向右擰轉；左拳向外、向前、向裏橫擊，臂微屈，拳心朝下，力達拳面或偏於拳眼側。還原時以腰帶肘，主動還原成實戰姿勢。（圖 2-4）

【動作要點】

以腰帶臂，橫向擊打。

【主要攻防含義】

左摜拳是一種橫向型進攻動作，可以結合身體姿勢的高低變化擊打對方的側面。上盤可擊太陽穴，中盤可擊腰肋部位。

2. 右摜拳

【動作過程】

實戰姿勢預備。右腳蹬地，右髖內合，轉腰送肩，右

圖 2-5

拳向外、向前、向裏橫擊，臂微屈，拳心朝下，力達拳面或偏於拳眼側。還原時以腰帶肘，主動還原成實戰姿勢。（圖 2-5）

【動作要點】

蹬地轉腰、出拳的動作要協調順達。

【主要攻防含義】

右摜拳是側向進攻的重拳。它的特點是能充分借助右腳蹬地轉腰的力量，進攻時擊打力度大，多用於連擊或防守反擊，攻擊對手的頭部和軀幹。

(三)抄 拳

抄拳是上弧線擊打對手的進攻手法。

1.左抄拳

【動作過程】

實戰姿勢預備。身體略向左轉，重心略下沉；隨即左

圖 2-6　　　　　　　　　圖 2-7

腳蹬地，身體向右擰轉；左拳由下向前上方勾擊，上臂和前臂的夾角在 90°～110°之間，拳心朝裏，力達拳面。（圖 2-6）

【動作要點】

蹬地轉腰連貫、順達，用力要由下至上。擊出後要迅速還原成實戰姿勢。

2. 右抄拳

【動作過程】

右腳蹬地、扣膝轉腰的同時，右拳由下向前、向上抄起，發力由下至上；上臂和前臂的夾角在 90°～110°之間，拳心朝裏，力達拳面；左拳回收至右肩內側。（圖 2-7）

【動作要點】

右抄拳時要借助右腳蹬地、扣膝、合胯、轉腰的力量，發力要協調順達、短促。擊出後要迅速還原成實戰姿勢。

圖 2-8　　　　　　　　　　圖 2-9

【主要攻防含義】

左右抄拳多用於近距離實戰時，由下向上進攻對手的胸、腹或下頦。

(四)鞭 拳

轉身鞭拳是防守反擊的擊打手法。

【動作過程】（以右鞭拳為例）

身體向右後轉 180°，右腳經左腿後插步；同時左拳與右拳一起回收至胸前（圖 2-8）；動作不停，上體繼續向右轉體 90°，同時右拳反臂向右側橫向鞭打，拳眼向上，力達拳背。（圖 2-9）

【動作要點】

支撐要穩，轉體要快，以頭領先，以腰帶臂，右臂甩拳鞭打。鞭打後要迅速還原成實戰姿勢。

圖 2-10

【主要攻防含義】

鞭拳是橫向型進攻的動作之一，並能借助於轉體的慣性，動作幅度大，運動路線長，力度較大。多在防守對手的進攻後，旋轉反擊對手的頭部。用於退守反擊時，動作要隱蔽和突然。

(五)橫擺肘

橫擺肘是平弧線擊打對手的進攻手法。

1.左橫擺肘

【動作過程】

實戰姿勢預備。右腳蹬地，左腿保持身體平穩；身體向右擰轉；左臂屈肘向內橫擊，拳心朝下，力達肘端。還原時沉肘，成實戰姿勢。（圖 2-10）

【動作要點】

以腰帶臂，擰腰橫擊。

圖 2-11

【主要攻防含義】

左橫擺肘是側向重擊的動作，可以結合身體姿勢的高低變化，多用於進攻對手的頭部和軀幹側面。

2. 右橫擺肘

【動作過程】

實戰姿勢預備。右腳蹬地，右髖內合，轉腰送肩，右臂屈肘向內橫擊，拳心朝下，力達肘端。還原時沉肘，成實戰姿勢。（圖 2-11）

【動作要點】

蹬地轉腰，擰腰橫擊。

【主要攻防含義】

右橫擺肘是側向重擊的動作。它的特點是能充分借助右腳蹬地轉腰的力量，進攻時擊打力度大，多用於進攻或防守反擊對手的頭部和軀幹側面。

圖 2-12　　　　　　　　　圖 2-13

四、基本腿法

(一)彈　腿

彈腿是由下向上踢擊對手的進攻腿法。

1. 左彈腿

【動作過程】

右腿直立或稍屈支撐；上體正直；左腿屈膝上提，繃腳尖，隨即挺膝向前彈踢小腿，力達腳背（圖 2-12、圖 2-13）。彈踢後要快速收小腿，迅速還原成實戰姿勢。

2. 右彈腿

【動作過程】

左腿直立或稍屈支撐，上體向左擰轉；同時右腿屈膝上提，繃腳尖，隨即挺膝向前彈踢小腿，力達腳背（圖 2-14、圖 2-15）。彈踢後要快速收小腿，迅速還原成實戰姿

圖 2-14

圖 2-15

勢。

【動作要點】

以膝帶腿；抓緊腳趾，腳背緊張。

【主要攻防含義】

彈腿距離對方的要害近，出腿隱蔽、預兆小、有力度，因此既可主動進攻，又能防守反擊。在實戰中配合手法，踢擊對方腰部以下的部位。

(二)蹬　腿

蹬腿是由後向前踢擊對手的進攻腿法。

1. 左蹬腿

【動作過程】

右腿直立或稍屈，左腿屈膝上提，勾腳尖向前蹬出，力達腳跟；也可在蹬出時送髖，腳掌下壓，力達腳前掌（圖 2-16）。左蹬腿後要快速落收小腿，迅速還原成實戰

圖 2-16　　　　　　　圖 2-17

姿勢。

2. 右蹬腿

【動作過程】

身體前移並向左擰轉，左腿支撐身體重心；右腿屈膝上提，勾腳尖向前蹬出，力達腳跟；亦可送髖，腳掌下壓，力達腳前掌（圖 2-17）。右蹬腿後要快速收小腿，迅速還原成實戰姿勢。

【動作要點】

以膝領腿，屈膝提起再挺膝發力，要快速連貫。

【主要攻防含義】

蹬腿是向前直踢對手的進攻腿法，多用於攻擊對方的軀幹。

另外，散手中的蹬腿，除與套路中的要求相同外，還吸取了前點腿的優點，當擊中對方時，腳踝發力，前腳掌下壓，這樣擊後容易將對方蹬開或使其倒地。

圖 2-18   圖 2-19

(三)側踹腿

側踹腿是側向大幅度踢擊對手的進攻腿法。

1. 左踹腿

【動作過程】

右腿微屈膝支撐身體，左腿屈膝提起，腳掌正對攻擊目標，然後展髖、挺膝、勾腳尖，以大腿推動小腿向前發力踹出，力達腳掌（圖 2-18、圖 2-19）。踹後快速收小腿，還原成實戰姿勢。腿踹出的同時上體可側傾。

2. 右踹腿

【動作過程】

左腿直立或稍屈支撐，身體向左轉 180°，同時右腿屈膝前抬，小腿外擺，腳尖翹起，腳掌正對攻擊目標，用力向前踹出，力達腳掌，上體可側傾。（圖 2-20、圖 2-21）

圖 2-20　　　　　　　　　圖 2-21

【動作要點】

踹出時一定要以大腿推動腳直線向前發力；踹出後上體、大腿、小腿、腳掌要成一條直線。

【主要攻防含義】

踹腿是側向踢擊對手的進攻腿法。多用於攻擊對方的軀幹和膝關節。有時也可以突然攻擊對方頭部。使用踹腿時容易調整步法和距離，因此變化多，速度快，力量大，使對方不容易防守。這是比賽和實戰中使用率較高的腿法。

另外，實戰中還可以在側踹時單手撐地，以增加力量和取得出其不意的效果。

(四) 鞭　腿

鞭腿是橫向踢擊對手的進攻腿法。

圖 2-22 　　　　　　　　　圖 2-23

1. 左鞭腿

【動作過程】

右腿直立或稍屈支撐，上體稍向右側傾；同時左腿屈膝向左側擺起，扣膝，繃腳尖，隨即挺膝向前彈踢小腿，力達腳背或小腿下端（圖 2-22、圖 2-23）。隨即快速收小腿，還原成實戰姿勢。

2. 右鞭腿

【動作過程】

左腿支撐，身體左轉，帶動右腿繃腳背向前上方展髖彈踢，力達腳背或小腿下端（圖 2-24、圖 2-25）。隨即快速收小腿，迅速還原成實戰姿勢。

【動作要點】

腳背緊張，膝關節內扣，以膝帶腿，快速連貫有力。

【主要攻防含義】

鞭腿是側面橫向踢擊對手的進攻腿法，多用於側向攻

圖 2-24　　　　　　　　　圖 2-25

擊對方的軀幹和頭部。鞭腿幅度和力度很大，在比賽中能
出其不意地重創對手。

(五)勾踢腿

勾踢腿是由下向斜上踢
摔對手的進攻腿法。

1. 左勾踢腿

【動作過程】

右腿彎曲，身體向右擰
轉；收腹合胯，帶動左腿直
腿勾腳向右前方弧線擦地踢
出，腳背屈緊並內扣，力達
腳弓側。（圖 2-26）

圖 2-26

圖 2-27

2. 右勾踢腿

【動作過程】

左腿彎曲，膝外展，身體左轉 180°，收腹合胯，帶動右腿直腿勾腳向前、向左弧線擦地勾踢，腳背屈緊並內扣，力達腳弓側。（圖 2-27）

【動作要點】

斜方向起腿；預擺要小；勾踢快速有力。

【主要攻防含義】

勾踢腿常用於對方身體重心瞬間移到前腳時，勾踢其腳後跟，破壞其支撐的穩定性。實際運用時，常在對方用腿法進攻時，抄抱對方腿之後，在同側手的切撥配合下使用，勾踢腿擊其支撐腳後跟，可一下摔倒對手，效果較好。

圖 2-28　　　　　　　　圖 2-29

（六）前沖膝

1. 左沖膝

【動作過程】

右腳蹬地；同時身體稍後仰，左髖前送，屈膝向前撞擊，力達膝蓋處。（圖 2-28）

2. 右沖膝

【動作過程】

左腿微屈支撐；身體左轉並稍後仰，右髖前送，同時右腿屈膝向前撞擊，力達膝蓋處。（圖 2-29）

【動作要點】

以髖推膝前撞，上體可仰身；身體重心要穩固。

【主要攻防含義】

膝法在實戰中是非常有威力的武器，主要攻擊對手小腹、襠部；配合手法可攻擊頭部。前沖膝主要用於衝破對

手的防守，或在對手正面向我沖來時向前迎擊。

五、基本防守方法

(一)防守技術的種類和練習的要求

防守技術在武術散手比賽中佔有非常重要的位置。防守技術主要分為兩類：

第一類是用自己的肢體破壞對手的進攻，稱之為接觸防守。如拍擋、掛擋、拍壓、掩肘、外抄、內抄、外掛、內掛、阻擋等。

第二類是用自己身體的晃動或位移破壞對手的進攻，稱之為非接觸防守。如撤步，下閃，左、右閃躲，搖身，提膝等。

防守動作看起來很簡單，但在比賽和實戰中能隨機有效地運用卻是很難的事。學練每種防守技術，都要注意動作不能大，並迅速還擊或還原成實戰姿勢。

(二)主要防守技術

1. 接觸防守
（1）拍擋
【動作過程】
左手（或右手）以掌心為力點向內拍推進攻的目標，並稍向內轉體。
【動作要點】
動作幅度較小，以防住自己上體為宜，用力短促。

【主要攻防含義】

防守對方直線型拳法或橫向型腿法對頭部的攻擊。

（2）外格擋

【動作過程】

左手（或右手）左臂屈肘，邊內旋邊向外側斜前方擋出，以尺骨側為力點向外格擋攻擊來的目標。

【動作要點】

邊旋邊格，向外用力；要低頭含胸。

【主要攻防含義】

防守對方橫向型的手法或腿法對軀幹和頭部的攻擊。

（3）內格擋

【動作過程】

左手（或右手）左臂屈肘，邊內旋邊向內側斜前方擋出，以尺骨側為力點向內格擋攻擊來的目標。

【動作要點】

邊旋邊格，稍向內轉上體；要低頭含胸。

【主要攻防含義】

防守對方橫向型的手法或腿法對軀幹和頭部的攻擊。

（4）上架擋

【動作過程】

左臂（或右臂）微屈，前臂邊內旋邊向上舉至頭上，以尺骨側為力點擋架攻擊來的目標。

【動作要點】

邊旋邊格，稍轉上體；前臂略過頭高即可。

【主要攻防含義】

防守對方由上向下的手法對頭部的攻擊。

第二章／武術散手篇

（5）下截擋

【動作過程】

左臂（或右臂）微屈，前臂邊內旋邊由上向下以掌心尺骨側為力點下截攻擊的目標。

【動作要點】

前臂、腕及手指要緊張用力，發力短促。

【主要攻防含義】

防守對方正面攻擊的手法或腿法。如下沖拳、勾拳、撩拳及側踹腿等。

（6）抄腿

【動作過程】

抄對方向身體左側踢來的腿時，身體向左轉，左臂彎曲邊外旋邊由下向上伸肘，前臂和上臂夾角約 90°，掌心朝上；同時右臂屈臂前迎對手的攻擊，掌心朝外，手指朝上；兩肘關節相對靠近，兩手相合鎖抱。抄對方向身體右側或正面踢來的腿時，身體向右轉，右手由下向上，掌心朝上；同時左臂屈臂前迎對手的攻擊，掌心朝外，手指朝上；兩肘關節相對靠近，兩手相合鎖抱。

【動作要點】

低頭含胸，兩手協調一致，雙手鎖扣要緊。

【主要攻防含義】

抄抱對方橫向或正面攻擊軀幹或頭部的腿法。

（7）阻擋

【動作過程】

兩腳蹬地，身體微前移，以肩部和手心阻擋對方直線拳法的進攻，以背部阻擋對方直線腿法進攻。

【動作要點】

含胸，收腹，沉氣，兩手緊護體前。阻擋拳法要提左肩收下頜，阻擋腿法要含胸弓腰。

【主要攻防含義】

破壞，阻擋對方的進攻，為反擊做準備。

（8）阻截

【動作過程】

左腿屈膝略抬，腳趾翹起，以腳掌為力點前伸阻截，腳掌朝前下方。

【動作要點】

提膝迅速，阻截要搶在對方進攻之前，支撐要穩。

【主要攻防含義】

先發制人，搶在對方進攻之前阻截其腿，破壞對方進攻。

2. 非接觸防守

（1）後閃

【動作過程】

兩腳不動，重心後移，上體略向後仰，重心落於後腿，目視對方。

【動作要點】

後腿支撐要穩，上體後仰幅度要適當。

【主要攻防含義】

防守對方正面攻擊頭部的拳法，為反擊做準備。常配合前蹬腿進行反擊。

（2）側閃

【動作過程】

兩膝微屈，上體前俯並向左或向右閃躲，目視對手。

【動作要點】

上體閃動幅度要小；側身不轉頭，保持實戰姿勢。

【主要攻防含義】

側向躲閃對方正面攻擊頭部的手法或腿法。側閃後要迅速反擊或還原成實戰姿勢。

（3）下閃

【動作過程】

屈膝沉胯使身體重心突然下降，同時縮頸下蹲躲閃。

【動作要點】

膝、髖、頸關節要同時屈縮，目視對手。

【主要攻防含義】

防守對方橫向攻擊頭部的手法或腿法。下閃後要迅速反擊，一般常用摔法反擊。

（4）繞閃

【動作過程】

身體向對方拳腿橫擊的相反方向下潛繞閃。

【動作要點】

繞閃動作的幅度要小；靈活迅速。

【主要攻防含義】

防守對方橫向攻擊頭部的手法或腿法。繞閃後要迅速用拳或腿法反擊或還原成實戰姿勢。

（5）撤閃

【動作過程】

身體重心後移，前腳迅速向後收步，接近後腳時前腳掌著地。

【動作要點】

支撐要穩，上體不要後仰。

【主要攻防含義】

防守對方攻擊膝以下的低腿法。如低的蹬、踹、鞭踢或勾踢腿等。撤閃後多用手法配腿法迅速反擊。

六、散手組合動作練習

散手組合動作就是把兩種以上的武術不同的手型、手法、步型、步法、腿法等基本素材串聯起來，進行單人的或兩人進攻和防守的連貫練習。這種練習對於初學者掌握武術的基本動作，提高身體的協調能力和連貫完成不同動作的能力有十分重要的作用。

下面是組合動作的範例，讀者也可以自己創編。

(一)組合範例之一

實戰姿勢→左沖拳→右沖拳→左摜拳→右勾拳→轉身鞭拳→實戰姿勢。

(二)組合範例之二

實戰姿勢→左沖拳→右摜拳→左勾拳→右橫擺肘→右勾踢腿→左側踹腿→實戰姿勢。

(三)組合範例之三

實戰姿勢→左沖拳→右沖拳→左鞭腿→右鞭腿→轉身側踹左腿→後掃腿→實戰姿勢。

第三章
太極推手篇

第一節　太極推手健身問答

一、太極推手是怎樣的一種功夫？具有怎樣的特點？

太極推手是太極拳培養實戰能力的一種輔助練習。是一種在雙方手臂不間斷的接觸中訓練身體感覺對手用力情況並控制對手的徒手練習方法。

太極推手這種練習方法形式和內涵都比較複雜。它的理論依據是太極拳拳論中「沾連黏隨、不丟不頂、無過不及、隨屈就伸」等基本要求；它的運動方式是在運用太極拳掤、捋、擠、按、採、挒、肘、靠等八種基本技法和基本勁道中，由雙方皮膚的接觸點來訓練身體感覺對方勁力的大小、剛柔、虛實和動向，並隨之選擇合理的技法瞬間乘勢借勁反擊，使對方失去重心或倒地。

練習者追求的是讓對手「身體微動即落空」和「四兩

撥千斤」的巧妙效果。

太極推手具有對抗性、娛樂性和健身性。對一般的練習者來講，既可用來鍛鍊身體，修身養性，所培養的能力在攻防實戰中可以發揮一定作用，還可以瞭解體會我國的傳統文化。

太極推手的特點可以概括為捨己從人，乘勢借力，引進落空，柔化剛發。

二、太極推手有哪些獨特的健身價值？

總體上講，太極推手是兩個人在手臂接觸中進行的攻防練習，以柔慢的身體運動為主。經常練習太極推手，可以使練習者的身心得到良好的鍛鍊，並獲得以下獨特的健身效果。

（一）從太極推手的性質上講，是兩個人進行的柔慢進攻和防守，在練習時兩個人都要集中精神，儘量擺脫生活瑣事的煩惱，這在當今快節奏、緊張的社會工作和生活中可以使練習者在繁忙中得到身心真正的鬆弛，是一種很好的積極性休息。

（二）練太極推手時，雙方的兩腿總要處於虛實的屈蹲狀態，以保持自己身體的穩定而更好地使招變勁。這種身體姿態可穩固增強腰腿肌肉的力量，使腰腿有勁兒，延緩身體各系統機能的衰退。

（三）練太極推手時所進行的是上虛下實的圓活連貫的身體動作，有助於全身微循環系統的健康，延緩內臟機能衰退。

（四）練太極推手時兩腿和雙手總是處於虛實變換之中，這種練習方式不僅可以使下肢血液循環順暢，減緩心臟的負擔，促進內臟器官血液通暢，還可以增強人的「身體重心意識」，提高中樞神經支配肢體的能力，延緩運動機能的衰退。這一作用對老人尤為重要。

（五）太極推手比個人練習的太極拳套路的運動量稍大，練習時必須採用腹式呼吸，這有利於改善肺泡通氣量，使呼吸深度加大，改善呼吸系統的功能。

（六）太極推手是有對手的身體接觸運動。更能在學練中廣交朋友，增加社會活動範圍，使心理更健康。

（七）太極推手能在達到健身目的的同時，有效地提高技擊防衛技能。

（八）有利於陶冶情操。在推手過程中，性格急躁者往往受到限制。在不斷深入的練習中，能使其知道冷靜、沉著的重要作用，可以對急躁者改變性情起到潛移默化的作用。

三、太極推手有哪些主要內容？

太極推手按手法的運動形式可分為單推手和雙推手兩種。按步法的運動形式可分為定步推手和活步推手兩種。單推手主要定步（雙方只能在原地移動身體重心，不能移動腳步）進行，雙推手有定步推手、動步推手（是雙方遵循規定的步法移動腳步，並結合定勢手法進行推手）和活步推手（是雙方根據攻防需要變換移動步法，使用手法也不受限制，活步推手通常稱為「爛採花」）三種。

太極單推手是練習雙方各用一隻手相搭進行的推手，站在原地（定步）進行。主要有單手平圓推、單手立圓推、單手折疊推等數種練習形式，所使用的手法主要是掤、捋、擠、按。單推手動作比較簡單，是學練推手的入門基礎練習。

太極雙推手是練習雙方用雙手相搭進行的推手，可站在原地（定步）或在運動中（活步）進行。雙推手的基本練習是定步和活步的四正推手。

雙推手的手法又分為定勢推手和散推手兩種。定勢推手是按固定的動作進行，主要有四正推手（用掤、捋、擠、按四種手法）和四隅推手（用採、挒、肘、靠四種手法）等數種練習形式。散推手是雙方不按固定的動作進行，靈活運用掤、捋、擠、按、採、挒、肘、靠等基本手法，依據對方的攻防用勁情況進行變化，使對方失去平衡或倒地。

四、學練推手應按怎樣的程式？

練習推手的一般程式是：先習定步單推手，再練定步雙推手和動步雙推手。有了一定基礎之後再練習活步雙推手。

五、初學推手應注意什麼？

（一）學習單推手的初期要特別注意搞清所學推手的運動路線；學習雙推手的初期要特別注意搞清所學推手的兩手交接轉換。

（二）初學推手時兩人的動作可以放大（即劃大圈），動作熟練之後再將動作的幅度趨於正常。

（三）逐漸學會在推手接觸中的放鬆均勻用勁；逐漸學會身體「上虛下實」的用勁方法。

（四）在推手時不要和對方頂勁抗力，要逐漸學會在對方用勁的同時適時放鬆化掉對方的力量。

（五）在推手時要特別注意由手臂的接觸點來感覺對方身體的重心和所用技法的虛實變化。

（六）要多與不同的對手進行推手練習，要注意總結和積累與不同類型對手的推手經驗。

六、太極推手有哪些主要的基本手法？

太極推手的基本手法稱之為「太極八法」。主要有掤、捋、擠、按、採、挒、肘、靠八種方法和勁力。

(一) 掤

在太極推手中，將向上向外的動作和用勁稱為「掤」。掤勁在太極拳和太極推手中是始終要保持的勁力。

(二) 捋

在太極推手中，將雙手向後下方的動作和用勁稱為「捋」。這種手法多用於順勢捋帶對方的手臂。

(三) 擠

在太極推手中，將雙手或臂、肩、背貼住對方身體前

推的動作和用勁稱為「擠」。用「擠」時要注意腰腿配合用勁。

(四)按

在太極推手中，將雙手向下的動作或用勁稱為「按」。雙手下按可以抑制對方的攻擊，同時也為向前發放創造了條件。

(五)採

在太極推手中，將單手或雙手由上向下的動作或用勁稱為「採」。用「採」要輕巧順勢。

(六)挒

在太極推手中，將橫向化解或橫向反擊的動作或用勁稱為「挒」。橫向化解便於轉移對方勁力，使對方的進攻手臂成死角而便於順勢反擊。

(七)肘

在太極推手中，將用肘部攻擊的動作或用勁稱為「肘」。用肘時要靈活多變。

(八)靠

在太極推手中，用肩背胯的外側撞擊稱為「靠」。這是雙方貼近身體時使用的方法。

學練和運用太極推手的這些方法和勁力時，要逐漸體悟與對手的沾隨不脫、引進落空的基本要求，在不間斷的

練習中可獲得良好的用勁技巧。

七、太極推手的個人技術要求和太極拳是一樣的嗎？

練習太極推手時對個人的技術要求可以說和個人練習太極拳是基本一致的。因為從太極拳的角度講，推手時的個人技術和個人練習太極拳應是相互印證的，曾有太極拳拳師說：「太極推手就是兩人在打太極拳。」但太極推手究竟是兩個人的事，相互要受到對方的制約。練習時要注意以下幾點：

（一）要注意「立身中正」，使上體處於與地面的垂直狀態。這樣便於化解對方進攻的身體轉動，便於保持身體的重心穩定。

（二）要注意肩關節的鬆柔圓活和肘關節的下沉，以使對方不易察覺攻防動向。

（三）要注意「上下相隨」，兩腿的虛實變換與身法、手法的配合要協調。便於化解對方進攻和及時有效的反擊對方。

八、初學太極推手要瞭解哪些常用術語？

(一)頂　牛

是指練習太極推手時雙方都用勁對抗，有時會形成僵持局面。這是練習太極推手時要避免出現的現象。

第三章／太極推手篇

(二)搭　手

太極推手的開始姿勢。單推手時「單搭手」；雙推手時「雙搭手」，雙搭手時上手為主，下手為輔。

(三)聽　勁

由搭手的接觸點，感覺對方的勁力大小、重心變化、方向變化、攻防的剛柔虛實、發勁時機等對方的信息。

(四)懂　勁

經過一定時間的練習，能在推手時由對方身體的接觸點，瞭解到對方的攻防意圖和勁力、重心等變化，並能及時做出比較恰當的判斷和反擊，達到這種程度稱之為「懂勁」。

(五)化　勁

化勁是緩衝和順勢引導對方的「勁」偏離進攻的方向。要逐漸做到讓對方不知不覺地改變進攻的方向。

(六)拿　勁

拿勁是拿對方的「勁」。在推手中能準確判斷對方的攻防意圖和勁力、重心等變化，並能在動作上和勁力上及時控制住對方，稱之為「拿勁」。

(七)發　勁

「發勁」是自己的勁力的發放。在推手中，將對方在

動作上和勁力上及時地控制住之後，就要瞬間將自己的勁力發放出來，使對方失去平衡或位移或倒地。在個人練習太極拳的發勁動作時，要將勁力發放得順達和充分。

(八)雙　重

推手時兩腿要虛實分明，也就是總要在一條腿上保持身體重心，不能雙腿同時支撐身體重心。另外，「雙重」是指推手過程中雙方僵持不動的現象。這是練習太極推手時要避免出現的現象。

九、初學太極推手要注意哪些問題？

(一)要注意循序漸進

太極推手是一項複雜的練習，練習時切記不要急於求成，初學時要遵守循序漸進的原則，先從定步推手學起。定步推手時後腳不許移動，可以增加身體重心在兩腿之間的移動幅度。同時上肢的推手手法要注意有動作幅度並且要「圓」，不要有凹凸斷續的缺陷。

另外，在推手過程中要始終保持與對方的接觸點不脫離。經常這樣練習可以儘快打好基礎。

(二)要注意「捨己從人」

初學太極推手特別要注意不能和對方對抗勁，犯「雙重之病」。在推手時要從思想意識上放棄自己，在動作和用勁上「不丟不頂」地順對方的動作而動。這一點非常重

要。

(三)練習太極推手要「分清虛實」

太極推手是兩人在始終接觸的前提下進行進攻和防守，雙方稍有變化對方馬上知道。在這種情況下，判斷對方變化多端的攻擊防守真實意圖十分重要。

分清虛實就是要學會判斷對方攻擊防守的真實圖意，同時也要知曉自己的虛實所在，儘快掌握主動權。

十、太極推手追求的目標是什麼？

太極推手追求的目標主要是對抗時「四兩撥千斤」的巧妙功夫。講究以小巧的用勁戰勝對方。常用來形容這一目標的辭彙有「以小勝大」「以弱勝強」「以靜制動」「以柔克剛」「以慢制快」「彼不動，己不動，彼微動，己先動」「後發先至」等等。

第二節　太極推手健身基本練習

我們從單推手和雙推手中各選擇了兩種太極推手的技術，作為初學者漸進學練的內容。經常練習這些推手的基本技法，可以逐步掌握太極推手的技法規範要求；逐步領會和掌握推手過程中攻守進退、虛實剛柔、相互轉化的基本規律；理解在沾連黏隨的狀態中立身中正、重心穩定、勁路柔韌、轉換靈活、上下相隨、整體協調的相互關係以及技法的運用。達到培養功力和熟習技法運用的目的。

一、單推手

(一)平圓單推手

預備姿勢

甲方（白）和乙方（藍）相距 1 公尺左右站立。雙方左腿屈膝半蹲；右腿向前邁出一步，兩腳內側相對，腳尖向前，甲乙右腳相距 10～20 公分，身體重心偏於後腿；同時雙方右手向前伸出，手臂稍屈，手背相貼成單搭手；雙方左手均自然下垂；目視對方。（圖 3-1）

【要點】

雙方搭手時，手腕高與肩平，各含掤勁、不能用力頂抗，也不能軟而無力。

1. 甲方左腿蹬地，右腿前弓，身體重心略向前移；同時用右掌向前平推，按向乙方右胸部。（圖 3-2）

圖 3-1

圖 3-2

圖 3-3

圖 3-4

2. 乙方左腿稍屈，上體右轉，重心稍後移；承接甲方的按勁，向右引甲方右手，使其不能觸及胸部而落空。（圖 3-3）

3. 乙方隨即順勢用右掌向前平推，按向甲方右胸部。（圖 3-4）

圖 3-5

4. 甲方左腿稍屈，上體右轉，重心稍後移；承接乙方的按勁，向右引乙方右手，使其不能觸及胸部而落空。（圖 3-5）

5. 甲方隨即順勢用右掌向前平推，按向乙方右胸部。（圖 3-6）

圖 3-6

圖 3-7

【要點】

雙方手臂要保持掤勁，向前推按時後腿要蹬地，被對方推按時要順勢化開；雙方要進退相隨，動作沾連黏隨，不丟不頂。雙方左手自然置於左側。

如此循環練習，雙方推手路線成一平圓形。右手推一定時間後，換左腳和左手在前進行練習，方法相同。

(二) 折疊單推手

預備姿勢

同平圓單推手的預備姿勢。

1. 甲方身體重心向前移，右手向乙面部伸插。（圖 3-7）

2. 乙方重心後移，左腿屈膝；同時用右手承接甲方的來勁，將甲方右手引向頭部右側，隨即向右轉體坐胯，右臂外旋並向下繞弧使掌心向上，用掌背壓在甲右手腕上，

圖 3-8 　　　　　　　　　　圖 3-9

引壓甲方右手至右胯旁。（圖 3-8）

3. 乙方順勢身體重心向前移，右手內旋循弧線上提向甲方面部伸插。（圖 3-9）

4. 甲方重心後移，左腿屈膝；同時用右手承接乙方的來勁，將乙方右手引向頭部右側，隨即向右轉體坐胯，右臂外旋並向下繞弧使掌心向上，用掌背壓在乙方手腕上，引壓乙方右手至右胯旁。（圖 3-10）

5. 甲方順勢身體重心向前移，右手內旋循弧線上提向乙方面部伸插。（圖 3-11）

【要點】

化解對方的進攻時，要注重轉腰坐胯，以身帶臂，順勢化解。

如此循環練習，雙方推手路線成循環 8 字圓形。右手推一定時間後，換左腳和左手在前進行練習，方法相同。

圖 3-10　　　　　　　　　　圖 3-11

二、雙推手

(一)合步四正推手

預備姿勢

　　甲方（白）和乙方（藍）相距 1 公尺左右站立。雙方左腿屈膝半蹲；右腿向前邁出一步，兩腳內側相對，腳尖向前，甲乙右腳

圖 3-12

相距 10～20 公分，身體重心偏於後腿；同時雙方右手向前伸出，手臂稍屈，手背相貼，雙方的左手扶於對方右肘處，成雙搭手；目視對方。（圖 3-12）

圖 3-13

圖 3-14

【要點】

雙方搭手時，以右手為主，左手為輔，各含掤勁，不能用力頂抗，也不能軟而無力。

1. 甲掤乙捋

甲方左腿蹬地，右腿前弓，身體重心略向前移；同時用右掌前掤，左手扶於乙方右肘處。乙方右手沾住甲方右手腕內旋翻轉，用掌心貼附於甲方右腕，順甲右手的掤勁，重心後移，向右轉腰，兩手向右後引甲方右臂成捋勢。（圖 3-13）

2. 甲擠乙按

甲方順乙方捋勢，身體向右轉，屈右前臂平擠乙方胸部，左手貼在右臂內側輔助，使乙方兩手擠於胸前，將乙方的捋勢化解。乙方順甲方之擠勢，身體左轉，兩手同時向前、向下推按甲方右前臂，使甲方擠勁落空。（圖 3-14）

圖 3-15

圖 3-16

3. 換手左掤

　　甲方用左手背掤接乙方左手，同時右手從下繞扶乙方左肘（圖 3-15）。隨即身體重心稍向後移，左腿屈膝，身體微向左轉，左臂掤住乙方的雙手向上循弧形路線引伸，雙方成左手在上的搭手掤勢。（圖 3-16）

圖 3-17

4. 乙掤甲捋

　　乙方左腿蹬地，右腿前弓，身體重心略向前移；同時用左掌前掤，右手扶於甲方左肘。甲方左手沾住乙方左手腕內旋翻轉，用掌心貼附於乙方左腕，順乙方左手的掤勁，重心後移，向左轉腰，兩手向左後引乙方左臂成捋勢。（圖 3-17）

圖 3-18

圖 3-19

5. 乙擠甲按

乙方順甲方捋勢，身體向右轉，屈左前臂平擠甲方胸部，右手貼在左臂內側輔助，使甲方兩手擠於胸前，將甲方的捋勢化解。甲方順乙方之擠勢，身體右轉，兩手同時向前、向下推按乙方左前臂，使乙方擠勁落空。（圖 3-18）

圖 3-20

6. 換手右掤

乙方用左手背掤接甲方左手，同時右手從下繞扶甲方左肘（圖 3-19）。隨即身體重心稍向後移，左腿屈膝，身體微向左轉，左臂掤住甲方的雙手向上循弧形路線引伸，雙方成左手在上的搭手掤勢。（圖 3-20）

【要點】

雙方整體動作要協調，手臂動作要連貫圓順，舒展柔和。掤擠時要左腿蹬地，右腿前弓，身體重心向前移；捋按時，要注重轉腰坐胯，以身帶臂，順勢化解。

如此循環練習，雙方推手路線成循環 8 字圓形。右手在上推一定時間後，換左腳和左手在上進行練習，方法相同。

(二)順步四正推手

1. 乙退甲進四正手

（1）甲方右腿屈膝，右手採拿乙方右手腕，左手扶乙方的右肘。（圖 3-21）

（2）乙方身體右轉，重心移至左腿，右腳提起，將甲方右臂向上、向右帶起。甲方順勢將身體重心移至左腿，身體左轉，右腿提起。（圖 3-22）

圖 3-21

圖 3-22

圖 3-23　　　　　　　　圖 3-24

（3）乙方右腳向後落步，身體微右轉，繼續回帶甲方右臂。甲方隨之右腳落在乙方左腳內側，身體微左轉，成雙搭手。（圖 3-23）

（4）甲方左腿蹬地，右腿前弓，身體重心略向前移；同時用右掌前掤並順乙方捋勢，身體向右轉，屈右前臂平擠乙方胸部，左手貼在右臂內側輔助，將乙方的捋勢化解。乙方順甲方之擠勢，身體左轉，兩手同時向前、向下推按甲方右前臂，使甲方擠勁落空。（圖 3-24）

（5）甲方用左手背掤接乙方左手，同時右手從下繞扶乙方左肘。（圖 3-25）

（6）甲方用左手向左繞轉抓拿乙方左手，右手隨之托舉乙方左肘。（圖 3-26）

（7）乙方右手上提抓拿甲方右手。（圖 3-27）

（8）乙方右手拿住甲方右手向下，同時左臂外旋，左手上托甲方右肘。（圖 3-28）

圖 3-25

圖 3-26

圖 3-27

圖 3-28

（9）甲方用身體向前撞靠乙方。乙方順勢右移身體重心，同時用右手採拿甲方右手腕，左手扶甲方右肘。（圖3–29）

2. 甲退乙進四正手

（1）甲方身體右轉，重心移至左腿，右腿提起。乙方將右臂向上、向右帶起，順勢將身體重心移至左腿，身體左轉，右腿提起。
（圖3–30）

圖3-29

（2）甲方右腳向後落步，身體微右轉，繼續回帶乙方右臂。乙方隨之右腳落在甲方左腳內側，身體微左轉，成雙搭手。（圖3–31）

圖3-30

圖3-31

圖 3-32

圖 3-33

（3）乙方左腿蹬地，右腿前弓，身體重心略向前移；同時用右掌前掤並順甲方挒勢，身體向右轉，屈右前臂平擠甲方胸部，左手貼在右臂內側輔助，將甲方的挒勢化解。甲方順乙方之擠勢，身體左轉，兩手同時向前、向下推按乙方右前臂，使乙方擠勁落空。（圖 3-32）

圖 3-34

（4）乙方用左手背掤接甲方左手，同時右手從下繞扶甲方左肘。（圖 3-33）

（5）乙方用左手向左繞轉抓拿甲方左手，右手隨之托舉甲方左肘。（圖 3-34）

（6）甲方右手上提抓拿乙方右手。（圖3-35）

（7）甲方右手拿住乙方右手向下，同時左臂外旋，左手上托乙方右肘。（圖3-36）

（8）甲方用身體向前撞靠乙方。乙方順勢右移身體重心，同時用右手採拿甲方右手腕，左手扶甲方右肘。（圖3-37）

圖3-35

圖3-36

圖3-37

第四章
武術短兵篇

第一節　武術短兵健身問答

一、短兵這項運動是從什麼時候開始？怎樣發展的？

短兵是我國武術中持械進攻和防守的一項對抗競技項目。到目前為止已有近 80 年的歷史。民國期間，1927 年成立的「中央國術館」，就曾設置武術短兵教學科目；在 1928 年和 1933 年舉辦的兩屆國術國考中設有武術短兵比賽。

1949 年中華人民共和國成立後，當時的國家體委對武術工作給予了高度重視。曾於 1952 年的「天津民族形式體育表演比賽大會」和 1953 年的「全國民族形式體育表演比賽大會」中設置武術短兵比賽。隨後，短兵運動又被列為體育院校的專業教材內容。

1979 年在第四屆全運會武術賽區進行了散打和短兵的公開表演。1981 年在瀋陽又舉辦了內部交流比賽。2001 年

2月國家體育總局武術運動管理中心下發了「關於同意西安體育學院承擔研究、試點武術短兵運動的批復」，並於2001年8月在山東青島市組織召開了「武術短兵競賽規則」論證會，與會專家、教授對競賽規則的有關條文進行認真地論證並達成共識，確定了武術短兵運動今後發展的初步框架。

二、短兵是怎樣的一項運動？

短兵是中間有支撐物的圓柱形短棒，是用於格鬥的象徵性兵器。短兵運動是兩人手持短兵按照一定的規則，在規定場地（比賽場地為直徑12公尺的圓形場地或散打擂臺，場地中心有直徑100公分的陰陽魚圖）內運用劈、刺、點、撩、崩、掃等方法相互進攻和防守，以在規定時間內擊中對方的次數或擊倒對方為取勝。

三、經常練習短兵對人的身心健康有哪些良好作用？

短兵是持器械進行的一對一對抗格鬥，技術性較強。短兵的技術變化複雜，練習短兵時步法移動快而頻繁，攻防轉換快。要手持短兵在快速、複雜、多變的激烈的對抗格鬥中，完成各種攻防動作，需要良好的身體素質和心理素質。經常進行短兵運動的練習，可以培養練習者機智靈活，勇敢頑強的意志品質，提高練習者使用器械的對抗能力，促進練習者的力量、速度、柔韌、協調和耐力等各種身體素質的全面發展。

四、短兵比賽中怎樣分級？

參加短兵比賽的運動員共分 9 個級別（48 公斤、52 公斤、56 公斤、60 公斤、65 公斤、70 公斤、75 公斤、80 公斤、80 公斤以上級）。每個級別的運動員之間進行對抗比賽。

五、短兵比賽時怎樣得分？

比賽時主要有三種得分情況：

(一)以下情況得3分

用短兵將對方擊倒（兩腳以外身體任何部位支撐地面）。

(二)以下情況得2分

1. 用短兵擊中對方軀幹、大腿、小腿。
2. 用短兵將對方的短兵擊打落地。
3. 將對方擊打得被強制讀秒一次，得 2 分。
4. 受警告一次對方得 2 分。

(三)以下情況得1分

1. 使用短兵方法清晰有效地擊中對方手、足、膝蓋、手臂，得 1 分。
2. 運動員消極 8 秒，被指定進攻後 8 秒內仍不進攻，

對方得 1 分。

3. 自己的短兵脫手落地，對方得 1 分。

4. 用短兵甩擊觸地，致使短兵折斷者，對方得 1 分。自己的短兵觸及自己身體任何部分者，對方得 1 分。

5. 用另一手觸及自己或對方短兵兵身者，對方得 1 分。

六、短兵主要有哪些攻防技術？

短兵的進攻技術主要有劈、斬、砍、刺、崩、點等。

短兵的防守技術主要有向左、向右、向斜上和向斜下的防守，以及提膝、閃躲防守等。

七、如果以前參加過其他運動，對練習短兵是否有幫助？

如果參加過其他體育運動項目的鍛鍊，那麼對學練短兵是有所幫助的。因為其他體育運動項目中所鍛鍊的身體協調平衡性、反應靈活性、柔韌性、耐力、速度、爆發力、自控能力等都是學練短兵需要的能力，對學練短兵是有所幫助的。練習短兵對人的鍛鍊更加全面。

八、短兵運動是否安全？練習時要注意什麼？

短兵運動的比賽是比較具有安全性的。首先，從器材的角度來說是安全的，因為短兵的器械是由皮和塑膠合成，沒有過分的打擊性能。其次，規則中明文規定在比賽時禁止打擊對方的頭部、襠部等要害部位，有意打擊對方

的要害是犯規的。因此，只要雙方嚴格遵守規則是不會出現傷害事故的。

一般的練習者健身只要雙方遵守規則，注意學練的基本技術程式，注意對抗練習時用力的程度，是不會出現傷害的。另外，在練習之前做好全身的準備活動，特別是持短兵的腕肘關節的準備活動，也是預防傷害、保證安全的重要方面。

九、身體偏重，協調性和靈活性差的人能否練習短兵？有什麼好處？

身體偏重，協調性和靈活性差的人練習短兵有益無害。因為練習短兵時要求步法靈活機動，需要手腳動作的協調配合，對抗當中需要動腦筋，所以對協調性和靈活性差的人來講是很好的鍛鍊方法。

另外對於身體偏重的人來講，短兵練習有相當的運動量，有對抗性的大量出汗比其他單純的消耗體力減肥更具有趣味性。能更好地調整自己的身體，有效地減輕體重。

十、戴眼鏡能否參加短兵練習？

戴眼鏡不會影響練習短兵，來參加短兵練習的人有許多都是戴眼鏡的。不過，練習時要戴隱形眼鏡。

十一、練習短兵對年齡方面有哪些要求？

可以說不同年齡的人都可以參加短兵的練習。目前，

短兵這個項目還沒有專業運動員，大部分是業餘練習者。練習短兵的有青少年也有成人。在國內還有六七十歲的老人也從事短兵的練習。一般的短兵練習可以說是適應面很廣的體育休閒項目。

十二、女士參加短兵練習有什麼好處？

短兵是兩人之間交鋒的較量，講究姿態和禮儀，在精神上要有一定的緊張度。所以，在練習時要不斷地觀察並迅速做出反應，還要儘快擊中對手。經常參加這樣的練習可以提高女士的精神狀態和心理應激能力。

另外，短兵的運動量較大，對減肥很有好處，是女性朋友們長期健身的好方法。

十三、青少年練習短兵對培養個性有哪些好處？

現在的孩子家庭生活條件優越，多數是獨生子女，平時較為缺乏獨立性和勇敢精神，然而，他們面對的未來將是競爭更加激烈、更加殘酷的社會。短兵的對抗性可以彌補孩子在成長過程中從書本和家庭中很難學到的知識，無論是在意志品質、個人修養、形體發育以及對我國傳統文化知識的瞭解等等方面都大有益處。

十四、練習短兵會對練習者產生怎樣的教育效果？

（一）練習短兵，不僅使練習者在技術上和心理上得

到發展，而且從社會的行為規範上也可得到很好的收益。

（二）短兵是由格鬥發展而來的，是經過前人長時間的研究和總結，從格鬥的方式中創造出來的項目。從相互學習開始，由練習和尊重對方達到共同提升的目的。使練習者養成在社會中的良好處世態度。

（三）短兵是在雙方都安全的前提下進行的增進健康的體育運動項目。學習短兵的動機是為了更有效地克服危機並保全自己，長期練習可以培養勇往直前的勇氣和膽量。

十五、初學者學習基本技術時應按怎樣的順序？

初學者應按以下的順序學習：

1. 學習基本實戰姿勢。

2. 學習基本步法。如向前上步、向後退步、上弓步、向左閃步、向右閃步等。

3. 基本進攻手法。如刺、劈、點、砍、斬、崩等。

4. 基本防守手法。如左防、右防、左上防守、右上防守、左下防守、右下防守、提膝左下防、提膝右下防等。

第二節　武術短兵健身基本練習

下面介紹的武術短兵基本技術都可以進行單個動作或組合動作的空擊練習；進行擊打目標和實物的練習；進行一攻一防的練習和防守反擊的練習等。

一、進攻技術

(一)劈

1. 跟步劈

右腳向右側移出半步，同時舉起右臂，左腳隨之向右側移半步，身體重心跟上，以短兵前端由上向下劈。（圖4-1、圖4-2）

【動作要點】

跟步的同時完成劈的技法。

圖4-1

圖4-2

2. 弓步劈

右腳向前邁出一步，成右弓步；同時右手持短兵由上向前下劈，以短兵前端劈對方的頭部。（圖4-3）

【動作要點】

出步下劈時右臂要伸直，虎口下壓短兵柄。

圖4-3

(二)斬

1. 右平斬

右腳向前邁出一步，成右弓步；同時右手握柄，右臂外旋，由屈到伸，手心向上使短兵由右側向前平斬（圖4-4、圖4-5）。平斬對方的頭部或腰部。（圖4-6）

圖4-4

圖 4-5

圖 4-6

2. 左平斬

右腳向前邁出一步，成右弓步；同時虎口壓住短兵柄，手心向下以短兵前端由左側向前平斬（圖 4-7、圖 4-8）。手心向下平斬對方的頭部或腰部。（圖 4-9）

圖 4-7　　　　　　　　　　圖 4-8

圖 4-9

【動作要點】

旋腕擰伸右臂。

(三)刺

1.直 刺

右腳向前邁出一大步，成右弓步；同時右手握短兵柄，手心向左，向前直刺，刺至右臂伸直。以短兵尖刺對方頭、胸、臂部。（圖4-10、圖4-11）

圖 4-10

圖 4-11

圖 4-12

2. 下　刺

　　右腳向前邁出一大步，成右弓步；同時右手握短兵柄，手心向左，向前下方直刺，刺至右臂伸直。以短兵尖刺對方腿、腳。（圖 4-12）

【動作要點】

　　出步要迅速，右臂要伸直，虎口下壓短兵柄。

(四)砍

1. 右　砍

　　右腳向前邁出成弓步；上體微前傾，同時右手握柄，使短兵由右上方向左斜前方（圖 4-13、圖 4-14）或左前下方砍出。以短兵前端砍擊對方

圖 4-13

圖 4-14

圖 4-15

的頭部、手臂、腿部。（圖 4-15）

2. 左　砍

　　右腳向前邁出成弓步；上體微前傾，同時右手握柄，使短兵由左上方向右斜前方（圖 4-16、圖 4-17）或右前

圖 4-16

圖 4-17

圖 4-18

下方砍出。以短兵前端砍擊對方的頭部、手臂、腿部。
（圖 4-18）

【動作要點】

出步要迅速，向斜下方用力揮砍。

(五)崩

　　右腳向前上步，兩腿彎曲下蹲，上體微前傾；同時右手握柄，手心向左，臂稍向下沉，手腕猛向上屈，使短兵由下向上崩挑；以短兵前端崩擊對方手臂。（圖4–19、圖4–20、圖4–21）

圖4–19

圖4–20

圖 4-21

(六)點

手腕上提，上臂前伸，力點達於短兵前端，點擊對方的手腕（圖 4-22）。對抗時，可以在對方攻擊腿部時提膝

圖 4-22

躲閃，同時點對方的手腕進行反擊（圖4-23）；也可以在
對方攻擊軀幹時躲閃，同時點對方的手腕；還可以在側閃
時蹲身，上體前傾，以短兵尖點擊乙右腳面。

圖4-23

(七)剪

剪也稱「剪腕」，是用短兵前段內旋或外旋攻擊對方
的手腕。

1. 內剪腕

手臂內旋，手腕內扣上提，手心向下，由內側用短兵
前部成內交叉狀攻擊對方手腕。（圖4-24）

2. 外剪腕

手臂內旋，手腕外旋上提，手心向上，由外側用短兵
前部成外交叉狀攻擊對方手腕。（圖4-25）

圖 4-24

圖 4-25

二、防守技術

　　防守姿勢：是防守動作的定勢，每個姿勢都要遮蔽身
體的一定部位。下面共介紹八個防守基本技術。

(一)左上防

　　右臂向左側上方舉起，手心向前，使短兵橫置於頭前左上方，短兵尖稍高於短兵柄，手臂微屈。（圖4-26、圖4-27）

圖 4-26

圖 4-27

(二)右上防

右臂向右側上方舉起，手心向前，使短兵橫置於頭前右上方，短兵尖稍高於短兵柄，手臂微屈。（圖 4-28、圖 4-29）

圖 4-28

圖 4-29

(三)左 防

右手握短兵向左側橫舉，手心向後，使短兵斜置於上
體左側，短兵尖斜向上，手臂微屈。（圖4-30、圖4-31）

圖 4-30

圖 4-31

(四)右 防

右手握短兵向右側橫舉，手心斜向下，使短兵斜置於身體右側，短兵尖斜向上，手臂微屈。（圖 4-32、圖 4-33）

圖 4-32

圖 4-33

(五)左下防

　　右手握短兵向左側下垂，手心向左，使短兵斜置於身體左下方，短兵尖斜向下，臂微屈。（圖4–34、圖4–35）

圖 4–34

圖 4–35

㈥右下防

右手握短兵向右側下垂，手心向後，使短兵斜置於身體右方，短兵尖斜向下，手臂微屈。（圖4–36、圖4–37）

圖4–36

圖4–37

(七)提腿防左下

手握短兵向左側下垂，手心向右，使短兵斜置於身體左下側，短兵尖斜向下；同時右腿屈膝上提，腳尖裏扣。（圖4-38、圖4-39）

圖4-38

圖4-39

(八)提腿防右下

右手握短兵向右側下垂，手心向後，使短兵斜置於身體右下側，短兵尖斜向下；同時右腿屈膝上提，腳尖裏扣。（圖 4-40、圖 4-41）

圖 4-40

圖 4-41

第五章
武術防身術篇

第一節　武術防身問答

一、防身術是一種怎樣的武術？

簡單地說，防身術就是普通人遇到歹徒侵害時自我保護的方法和常識。現在有的專家把防身術拓展為包括應對突如其來的自然災害和生活中可能遇到的傷害時的自我保護知識和技術方法。

我們這裏所談的內容是身體素質一般，沒有經過訓練的普通人遇到歹徒侵害時的自衛方法和常識。

二、實戰技術和防身術有哪些區別？

武術的實戰技術和防身術都具有造成對方傷害的作用。所不同的是實戰技術主要用於比武或比賽，大多數情

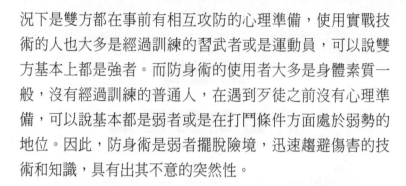

況下是雙方都在事前有相互攻防的心理準備，使用實戰技術的人也大多是經過訓練的習武者或是運動員，可以說雙方基本上都是強者。而防身術的使用者大多是身體素質一般，沒有經過訓練的普通人，在遇到歹徒之前沒有心理準備，可以說基本都是弱者或是在打鬥條件方面處於弱勢的地位。因此，防身術是弱者擺脫險境，迅速趨避傷害的技術和知識，具有出其不意的突然性。

三、防身術有哪些內容？有哪些特色的健身鍛鍊價值？

防身術主要有基本身體素質練習、解脫技術、徒手反擊、使用器物反擊以及掌握人體的要害部位、遇到危急時的心理調整等常識性的知識。

學習和練習防身術既是一種掌握實用技術的過程，也是一個目的明確的身體鍛鍊過程。

防身術的基本身體素質練習的內容十分豐富。解脫、徒手反擊、使用器物反擊等技術，從健身方面講都是具有趣味性的雙人練習，這些內容在每天熟練 2～3 招的基礎上，可以不斷豐富和充實新內容。經常練習防身術，不僅可以明顯提高身體素質，提高內臟器官的機能；還可以提高克服困難的勇氣，增強自信心，提升心理健康水準，以及培養遇事多角度的思維方式。

四、為什麼普通人學習防身術要從身體素質練習入手？

人的身體素質包括力量、速度、耐力、靈巧、柔韌等

方面，對應這些方面的各種練習就是身體素質練習，能有效地提高各方面的身體能力。

防身術是遇到歹徒時的拼鬥逃脫技術，關鍵時刻需要的首先是身體能力和膽量（二者同等重要），其次才是使用技術。普通人的身體基本能力相對較弱，如果不進行身體素質的基礎練習，學習時有些技術很難掌握，運用時就更有可能失敗；即使逃脫也跑不快，只能束手受侵害。

這是來不得半點虛假的。因此，學習防身術首先要從身體素質練習入手，在學習防身術的過程中經常進行身體素質練習也是非常必要和重要的。

五、普通人學練防身術主要應進行哪些身體素質的練習？

以下的基本身體素質練習是必須要經常練習的。

(一)勻速跑步

跑是提高身體素質的最基本和最有效的方法，同時更是擺脫歹徒和危險的最基本和最有效的方法。勻速跑步可以較快提高身體能力。

(二)變速跑步

變速跑步可以提高擺脫突然出現的危險境地的能力。平常練習時，可以在慢跑中進行突然加速跑 20～40 公尺的練習，加速越突然越好。經常練習變速跑步也可以有效提高心肺機能。

(三)變向跑步

突然改變方向的跑，也可以提高突然擺脫危險境地的能力，特別是擺脫歹徒的背後追趕。

平常練習時，可以在慢跑或勻速快跑中突然進行向左、向右或向後變換方向跑的練習，變換的方向越突然越好，速度越快越好。

(四)滾　翻

滾翻是摔倒時自我保護的有效方法，也是在關鍵時刻擺脫歹徒的出其不意的方法。在實際運用時具有意想不到的效果。

平常練習時，可以單獨練習各種滾翻，還可以在慢跑或勻速快跑中進行前滾翻、前側滾翻、後側滾翻等練習。

(五)追逐練習

追逐是練習擺脫歹徒的「模仿實戰演習」；可經常練習一人跑，一人追；或兩三人追一人，被追者儘量用變速和變向來逃離同伴的追趕。也可在跑動中用滾翻躲避，但用滾翻前要大喊一聲，以防追者抓空後摔倒受傷。

(六)上肢力量練習

上肢力量對擺脫歹徒的抓拉和反擊歹徒有非常重要的作用。可以經常進行俯臥撐、雙槓的雙臂屈伸、推舉小槓鈴、單槓的引體向上等提高上肢肌肉的力量；還可以用空抓或握力器等練習手的抓握力量。

(七)擊打和踢實物的練習

擊打和踢實物的練習可以提高打擊和踢擊的力量。可以經常練習空擊、空踢、打手靶和沙袋、踢腳靶和沙袋的練習。

要經常鍛鍊身體，危急時才能有逃離和防衛的體能，才能在關鍵時刻使用出各種打擊歹徒的方法。

另外，從防身的角度考慮，也可以設計一下適合自己的體能練習方法。

六、初學防身術為什麼要瞭解人體的要害　　部位？

人體的要害部位，是使用防身術時的具體打擊目標。瞭解和認識了人體的要害部位，就可以明確使用防身術時打擊歹徒身體的具體目標，也使自己知道要保護的身體部位。別看這些部位每人都有，但平時未必都注意過。你自己可以輕按一下，會感到很痛。

人體的要害部位是人體重要器官的所在位置和薄弱之處。主要有眼睛、鼻子、咽喉、胸腹連接點（此處為胃的位置）、兩肋的下部（此處為游離軟骨）、腹部的右側（此處為肝臟的位置）、腰的兩側（此處為腎臟的位置）、襠部、四肢的末端（手指、腳趾）和內側面，以及下肢的關節等。

七、遇到歹徒時，首先應注意什麼？

遇到歹徒和危急時首先要保持沉著冷靜的心態。不要害怕，馬上思考逃離的方法和方向。

具體要注意以下兩點：

第一，要想辦法搶佔便於逃離的位置，不要站在牆角、欄杆角等死角位置。

第二，儘量不要被歹徒抓住。如被歹徒抓住，要儘快擺脫並迅速向人多的地方跑，同時要大聲呼喊，以便求得別人的幫助或讓別人幫助報警。

八、為什麼說在關鍵時刻，弱者有勇更要用智？怎樣用智慧保護自己？

對於身體情況一般、平時又很少鍛鍊的普通人來講，遇到歹徒和危險時，需要「勇」和「智」兩方面的知識和能力。「勇」是要瞭解和經常練習體能、解脫法、反擊法等；「智」則需要良好的心理素質，具有隨機應變、臨場發揮的能力。

對處於弱勢地位的被攻擊者，用智慧擺脫困境的效果最好。請由下面的範例，舉一反三地考慮運用智慧的防身方式。

影片《女子特警隊》中有這樣一個精彩片段：

三名經過嚴格訓練的女子特警隊員參加格鬥課程的考試，對手都是身強力壯的男特警。在規定時間內，前兩名女特警隊員雖竭盡全力拼鬥，但都被打得鼻青臉腫，其中

一名還被抬了下去。最後出場的是一名嬌小的女特警，而男特警則是一名壯漢。

教官宣佈「開始」，這位女特警沒有像前兩位那樣拉開格鬥架式就上去拼命，而是扭捏作態地說：「大哥呀，你這麼強壯，能不能告訴我你貴姓？不然你打死了我，我都不知道你姓什麼。」男特警被說得一愣，就在此時，他已被女特警飛起一腳踢中襠部而蹲在了地上。女特警一邊嬌聲說著「大哥呀，對不起」，一邊靠近了男特警。教官此時大喊「繼續進行」，男特警剛掙扎著站起來，頭部又被女特警踢到一腳。男特警再次起來剛要進攻時，時間到了，教官宣佈「考試結束」。

九、初學防身術為什麼要經常和同伴相互練習？和同伴相互練習時要注意什麼？

防身術是對付另外一個人或幾個人的實用技術，因此經常有個同伴配合練習，可以體驗與實戰近似的情景，熟練防身的技術和技巧。

和同伴相互練習時主要應注意使用動作的力度，練習初期要先慢速學會技術動作，再逐漸加快練習的速度和用勁的力度，避免因用力不當而受傷。

十、沒有同伴時怎樣練習？

沒有同伴時可以練習跑步、俯臥撐等身體素質和空擊、空踢、打手靶和沙袋等練習。也可以查看防身方面的書籍和雜誌，或看相關的影像，吸取間接經驗。

第二節　武術防身的實用技法

在被歹徒抓拉時或脫開歹徒的抓拉後，看準時機突然打擊歹徒身體的要害部位，製造拉開距離、脫離歹徒的逃離機會，在防身的過程中是非常重要的。解脫和反擊的技法有很多，經常練習也是非常有趣的健身方法。

下面介紹幾種簡便、易學、好用的解脫和反擊的方法。在學習中要舉一反三。運用這些方法的關鍵，就是要果斷、突然、快速準確。

一、解脫技法

(一)下切解脫單手被抓

甲方的右腕在身前被乙方右手抓住（圖5–1），甲方迅速將右手向自己的左上方突然一揮（圖5–2），隨即向對方拇指側的前下方一切（圖5–3），即能解脫。然後快速撤離。

【要點】

上揮幅度要小，下切要迅速果斷。

圖 5–1

圖 5-2　　　　　　　　　圖 5-3

（二）拉撐解脫雙手被抓

　　甲方的右腕在腹前被乙方右手抓住（圖 5-4），甲方用左手（手心向上）握住乙方的腕部突然上拉（圖 5-5），同

圖 5-4　　　　　　　　　圖 5-5

圖 5-6

圖 5-7

時被抓的手向前下撐（圖5-6），即能解脫。然後快速撤離。

【要點】

左手動作要突然，上拉和下撐要同時發力。

二、解脫反擊法

(一)脫手打頭

甲方的右腕在身前被乙方左手抓住（圖5-7），甲方突然向左轉身並屈收右臂（圖5-8），隨即借身體擰轉的力量橫揮右臂擊打乙方的頭部（圖5-9）。打後快速撤離。

【要點】

轉身、脫手、擊打要迅速連貫。

圖 5-8

圖 5-9

圖 5-10

圖 5-11

(二)抓手捲腕

甲方的右腕在身前被乙方右手抓住（圖 5-10），甲方
用左手抓住乙方右腕橈側（圖 5-11），隨即撤左步上體前

圖 5-12

圖 5-13

俯，同時左手下拉，右手腕捲壓乙方拇指內側，迫使乙方
腕關節過分內屈疼痛而下蹲倒地（圖 5-12）。然後快速撤
離。

【要點】

抓乙方手腕要緊；拉折捲屈動作要連貫。

(三)脫肩打頭

甲方的右肩被乙方左手抓住（圖 5-13），甲方突然向
左轉身並屈收右臂（圖 5-14），隨即借身體擰轉的力量橫
揮右臂擊打乙方的下頜或臉部（圖 5-15）。打後快速撤
離。

【要點】

轉身、脫肩、擊打要迅速連貫。

圖 5-14

圖 5-15

圖 5-16

圖 5-17

(四)脫胸打頭

甲方的胸部衣服被乙方右手抓住（圖 5-16），甲方突然向右轉身，並從乙方手的上方向右屈收左臂（圖 5-17），隨即身體向左擰轉，橫揮左臂擊打乙方的下頜或臉

圖 5-18

圖 5-19

部（圖 5-18）。打後快速撤
離。

【要點】

脫胸、轉身、擊打要迅速
連貫。

(五)撩襠提肘

甲方被乙方雙手抓住肩部
或胸部（圖 5-19），甲方突
然向左轉身，同時右拳下撩乙
方襠部（圖 5-20），隨即突

圖 5-20

然向右轉身，右臂屈肘上提頂擊乙方的下頜或臉部（圖 5-
21）。打後快速撤離。

【要點】

兩次轉身擊打要迅猛連貫。

圖 5-21

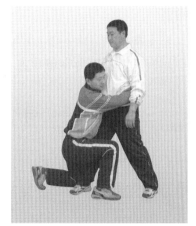

圖 5-22

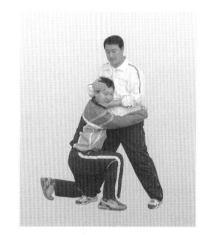

圖 5-23

圖 5-24

(六)摟頭解抱

　　甲方被乙方雙手抱住腰部（圖 5-22），甲方快速用左手上托乙方下頜，右手橫抱乙方頭部（圖 5-23），隨即突然向右轉身將乙方摟轉摔倒（圖 5-24）。摔倒乙方後快速

撤離。

【要點】

抱乙方頭部要準確迅速，擰轉要迅猛。

三、其他徒手防身方法

（一）在你被歹徒抓拉或脫開歹徒抓拉的瞬間，可看準時機突然用拳打擊歹徒的眼睛或鼻子，並迅速擺脫撤離。

（二）當你的雙手被歹徒抓拉時，可突然向後撤步並雙手外分，同時上體前俯，用前額撞擊歹徒的鼻子或嘴巴，並迅速擺脫撤離。

（三）當你的胸或肩部被歹徒抓拉時，可突然用手向歹徒的眼睛抓去，隨即用腳踢或膝撞歹徒的襠部，並迅速擺脫撤離。

（四）當你被歹徒從正面摟抱時，可突然用前額撞擊歹徒的鼻梁，隨即用膝猛向上提，頂擊其襠部，將其擊倒，並迅速擺脫撤離。

（五）當歹徒從側面摟住你的頸部或肩部時，可突然用肘撞擊歹徒的肋部，並順勢撩擊歹徒的襠部，然後迅速撤離。

（六）當歹徒從後面摟住你的頸部或胸部時，可突然用頭向後撞擊歹徒的面部，並順勢上體前俯，同時用腳跟向下跺擊歹徒的腳趾，然後迅速擺脫撤離。

四、利用身邊器物的防身方法

使用身邊的器物進行防身的效果要大於徒手。

(一)使用書包

當發現歹徒接近你時，你將書包由背後緩慢轉抱到胸前。在歹徒動手抓或打你的瞬間，你將書包突然推向歹徒的面部或胸部，同時用腳踢歹徒的襠部，或用腳跟向下跺擊歹徒的腳趾，然後迅速擺脫，快速撤離。

整個動作要連續完成。

(二)使用鑰匙

當發現歹徒接近你時，你將鑰匙緊攥在手中（攥的方法：將鑰匙夾在食指和中指的指根縫裏，向前伸出尖端，鑰匙的把柄和其他鑰匙握在手掌之中），將手背在身後。在歹徒動手抓或打你的瞬間，你可用鑰匙突然刺向歹徒抓你的手，使其鬆手並迅速擺脫，快速撤離。危急時也可用鑰匙突然刺向歹徒的面部，然後你迅速擺脫撤離。

(三)使用雨傘

當發現歹徒接近你時，將雨傘的尖端向前緊握在手中，在歹徒動手抓或打你的瞬間，可用雨傘的尖端突然戳向歹徒的面部、咽喉或腹部。然後迅速擺脫，快速撤離。整個動作要連續完成。

(四)使用水壺

當發現歹徒接近你時，將水壺的提帶握在手中，在歹徒動手抓或打你的瞬間，你可用水壺突然掄劈歹徒的頭部或用水壺突然砸向歹徒的面部，然後迅速擺脫，快速撤離。整個動作要連續完成。

(五)其他方法

當發現歹徒接近你時，你要注意身邊可以使用的器物（如沙土、磚石、棍棒等）並及時抓在手中。手中有器物可威懾歹徒，使其不敢隨便靠近你，這樣便於迅速擺脫，快速撤離。

這些方法只要平時注意鍛鍊，遇事不慌，即可發揮作用。

最後提示

如遇到持刀或持其他兇器的歹徒，要隨機應變想辦法儘快遠離；同時呼喊別人幫助報警。不要輕易對付反擊，以免受到重度傷害。

第六章
健身鍛鍊必備常識

第一節　健身新識

一、什麼是健康？

隨著當今社會生活水準的不斷提高，人們更加關心自己的身體健康。人們在與疾病不斷的抗爭中，慢慢地認識到健康不單純是肉體無痛無病，還與精神狀態有著密切的聯繫。1948 年，在世界衛生組織（WHO）的憲章中，首先提出了健康的含義，認為「健康不僅是免於疾病和衰弱，而是保持身體上、精神上和社會適應方面的完美狀態」。

1978 年國際初級衛生保健大會上通過的《阿拉木圖宣言》中又重申了健康的含義，指出：「健康不僅僅是沒有疾病和痛苦，而且包括在身體上、心理上和社會各方面的完好狀態。」

最近又指出「道德健康」也應屬於健康的含義中，一

個人只有在軀體健康、心理健康、社會使用良好和道德健康四個方面都健全，才算是完全健康的人。

二、健康的標準主要有哪些？

世界衛生組織提出了健康的十條標準：

（一）精力充沛，能從容不迫地應付日常生活和工作壓力而不感到過分緊張。

（二）處事樂觀，態度積極，樂於承擔責任，不挑剔。

（三）善於休息，睡眠好。

（四）應變能力強，能適應各種環境的變化。

（五）能夠抵抗一般性感冒和傳染病。

（六）體重適當，身體勻稱，站立時頭、肩、臂位置協調。

（七）眼睛明亮，反應敏銳，眼瞼不發炎。

（八）牙齒清潔，無空洞，無痛感；牙齦顏色正常，不出血。

（九）頭髮有光澤，無頭屑。

（十）肌肉、皮膚富有彈性，走路輕鬆有力。

三、什麼是亞健康狀態？

世界衛生組織認為：健康是一種身體、精神和交往上的完美狀態，而不只是身體無病。根據這一定義，經過嚴格的統計學統計，人群中真正健康（第一狀態）和患病者

（第二狀態）不足 2/3，有 1/3 以上的人群處在健康和患病之間的過渡狀態，世界衛生組織稱其為「第三狀態」，這就是經常聽到的「亞健康」狀態。

「第三狀態」處理得當，則身體可向健康轉化；反之，則患病。對亞健康狀態的研究，是下個世紀生命科學研究的重要組成部分。

四、亞健康狀況主要有哪些表現？

（一）早上起床，常發現有頭髮掉落，同時感到情緒有些抑鬱，會對著窗外發呆。

（二）昨天想好的事，今天就給忘了，而且這種情況最近經常出現。

（三）學習或工作效率下降，身邊的人隱約對你表達不滿。

（四）不想面對他人，有自閉症的趨勢。

（五）學習或工作一小時後，就感到身體倦怠，胸悶氣短。

（六）學習或工作情緒始終無法高漲，無名火很大，又無法發作。

（七）一日三餐，進餐很少，食之無味。

（八）不願走進教室或工作場所，覺得學習或工作令人厭倦。

（九）總感到城市的污染和噪音刺激，非常渴望在清幽、寧靜的山水間修身養性。

（十）不像以前那樣熱衷於朋友聚會，有強打精神、

勉強應酬的感覺。

（十一）失眠，即使睡著了，也老是處在做夢狀態，睡眠品質差。

（十二）體重有明顯下降的趨勢。

（十三）免疫力在下降，流感一來，很快被傳染。

（十四）對異性不感興趣。

若出現以上症狀，就要注意有意識地調整自己。

五、什麼是體能？

體能又叫體適能，是指人體器官系統的機能在工作、生活、學習等過程的身體活動中表現出來的能力。主要包括與健康有關的健康體適能和反映技巧高低的運動體適能兩大類。體能不能存儲且處於不斷的波動狀態。

由於每個人的生活方式不同，他們的體能水準也不一樣。體能是人體的一種能力，對健康有著重要影響。

六、什麼是疲勞？怎樣消除？

人體活動到一定時候時，組織器官乃至整個機體工作能力暫時降低的現象叫疲勞。疲勞常用「累」來表示，可以說每個人都有過這種體驗。疲勞是生命體對內外環境適應所做出的反應，也是一種生理性防禦反應。重視對疲勞的認識和採取措施消除疲勞有相當重要的意義。停止進行身體活動和儘快脫離環境，是消除疲勞的最好手段。

許多研究者將疲勞的消除法劃分為兩種形式：一種是

靜止性休息，一種是活動性休息（也叫積極性休息）。靜止性休息時，諸如良好的睡眠、安靜環境下的靜坐、音樂欣賞，都有助於體內各系統功能的自然調整和大腦皮質的暫時性鬆弛。但在大多數情況下，用更換身體肌肉的運動作為活動性休息的手段，對消除疲勞更為有益。

七、健身鍛鍊時應該遵循什麼樣的原則？

健身鍛鍊作為人體對運動負荷的一種適應過程，實質是通過身體練習這種手段，給人體各器官系統以強度和量的刺激，使人體在形態結構、生理功能和生物化學等方面產生一系列適應性變化。為達到最理想的預期目標，就要求按以下原則去指導自己的健身鍛鍊。

(一)循序漸進的原則

循序漸進原則是指在健身鍛鍊的過程中，所選內容要由簡單到複雜，由易到難，運動量應由小到大逐漸增加，以便使學習認知和機體適應都有一個漸進的過程。如果急於求成，非但對掌握運動技能不利，而且鍛鍊負荷一旦超過生理許可範圍，還會給肌體帶來不必要的損傷，從而對健康產生不良影響。但隨著鍛鍊水準的提高和體能的增強，肌體對原有的生理負荷的反應會越來越小，這時就需要給予新的刺激，才能求得更高水準的適應。

(二)系統鍛鍊的原則

系統鍛鍊是指必須遵循「循序漸進」的原則，堅持鍛

鍊的經常性和注重鍛鍊的規律性，也就是要注意鍛鍊時間的正確分配，合理安排運動練習、休息或間歇的時間。至於鍛鍊後的休息間歇以多長為好，應以本人承擔的運動負荷的大小來嚴格控制，而兩次鍛鍊之間的間歇時間，則要根據機體恢復過程的規律和提高鍛鍊水準的能力來決定。

(三)全面鍛鍊的原則

每個運動項目的練習，對身體的影響都有一定的側重面。如速度性和體操技巧性練習，主要注重發展速度和人體的自我控制能力；耐力練習主要發展心肺功能和肌肉耐力；如果為了增強體能，就應使鍛鍊內容全面多樣，讓身體在力量、速度、靈敏、耐力、柔韌等方面都得到發展。因為只有全面鍛鍊，才能保證人體的全面發展。

(四)區別對待的原則

區別對待的原則也就是強調個性的原則，要從鍛鍊者的個性特點出發，因人而異地考慮鍛鍊的目標、內容、計畫、方法、負荷、評估等因素。

因為只有從每個人的實際狀況出發，才能使不同鍛鍊者都獲得良好的鍛鍊效果。

(五)持之以恆的原則

按照「用進廢退」的道理，只有持之以恆地參加健身鍛鍊，才能使每次鍛鍊的效果產生良性積累，從而達到提高健康水準的目的。

如果訓練的強度、時間和頻率達不到一定的水準，鍛

鍊的效果就會受到影響；而經常性地中斷鍛鍊，則原本增強的體力也會下降。

八、鍛鍊前為什麼要做準備活動？

因為鍛鍊前人體各器官和系統一般都處於相對安靜狀態，無論肌肉、關節還是韌帶都需要有個預先加溫的過程，這樣才能使運動器官在機械作用下能夠有效地伸展。

特別是負責調節內臟功能的植物性神經系統生理惰性更大，為了提高中樞神經的興奮性及加快神經傳導的速度，促進新陳代謝，縮短呼吸循環系統進入工作狀態的時間，以便為發揮運動能力、預防運動創傷提供條件，也必須給機體預先加溫。

九、鍛鍊過程中應該注意些什麼問題？

首先應該注意控制鍛鍊負荷。運動實踐證明，運動量過小不足以收到鍛鍊效果，如果超過所能承受的範圍，因不能適應又會引起機體損傷。

這表明，只有對機體施加可以承受的適宜負荷量，在經過多次重複後才能收到預期的鍛鍊效果。其次注意運動中不要大量飲水，否則會使胃部膨脹，妨礙膈肌活動，直接影響運動中的呼吸，因為水分過多滲入血液，會使血液稀釋增加心臟和腎的負擔。

十、鍛鍊後爲什麼需要做整理活動？

整理活動的主要目的是：應及時調整好運動後的呼吸節律，動作應輕鬆緩和、全身放鬆，運動量不宜過大，動作不宜做得過快。

健身鍛鍊的積極宣導者庫珀曾做過一次有意義的實驗，當 1000 個男子在活動跑道上跑得精疲力盡後，立即讓他們保持靜止狀態，結果其中有 17 名受試者很快昏迷。這是因為運動時的血液大量集中於下肢，停止運動後下肢肌肉放鬆，會使向心臟壓血的功能暫時減弱，結果大腦因缺血就很容易產生休克現象。

這個例子說明了運動後做整理活動具有重要意義，因為整理活動有利於運動肌肉疲勞的消除，以及可以使人體儘早由緊張的運動狀態過渡到安靜狀態，逐漸消除劇烈運動後機體欠下的氧債，這樣就可以減少機體的不適感。

十一、女性鍛鍊時應注意哪些問題？

第一，在重視加強心肺功能鍛鍊的同時，應適當控制運動量的大小，並儘量選擇跑步、游泳等強度不大，但持續時間相對較長的健身鍛鍊，以達到既增強心肺功能，又消除多餘脂肪，有利於女性形體健美的目的。

第二，在進行鍛鍊時，應充分考慮在參加肩帶負荷較重的運動（如舉重或做懸垂、支撐和擺動等動作）方面所具有的困難，鍛鍊時必須量力而行，並有嚴格的保護措

施。

第三，在經期安排健身鍛鍊的運動量要適中，時間不宜過長；要避免引起身體劇烈震動的跑、跳、跨練習；也不宜做屏氣和靜力性動作，如推鉛球、仰臥起坐、倒立、俯臥撐等，以免增加經血流量造成子宮位置的變化。一般不應參加游泳運動，以免細菌侵入內生殖器官而引起炎症。如果因體育活動而引起月經紊亂，則需調整運動量，待月經恢復正常再繼續堅持鍛鍊。

十二、老年人鍛鍊時應注意什麼問題？

老年階段身體的同化作用低於異化作用，機體日趨衰退，在心理上對體育鍛鍊顧慮較多，總懷有力不從心的負擔。因此，老年人的體育鍛鍊，是在特殊身體條件下進行的。活動的內容、生理負荷和活動的方式、方法，必須與老年人自己的生理、心理相適應。老年人的身體鍛鍊應該做到「四要」和「四忌」。

「四要」是指：一要因人制宜，量力而行。根據自己的情況和鍛鍊的水準，選擇適宜的內容與方法，活動專案不宜求多、翻新，體驗到健身的效果就行。

二要循序漸進。每次鍛鍊的活動量要適度，開始時活動量要小些，以稍覺疲勞為度，堅持一段時間之後而不感到疲勞時，再逐漸增加活動量。

三要持之以恆。體育鍛鍊只有堅持不懈才能奏效。四要注意安全，講究衛生。

「四忌」是指：一忌進行負重鍛鍊。由於老年人運動

器官的肌肉已開始萎縮，韌帶的彈性減弱，骨骼中鈣質減少，關節活動範圍受到限制，進行負重的鍛鍊，容易發生骨折裂，損傷關節、肌肉和韌帶。

二忌進行屏氣鍛鍊。老年人的呼吸肌力量減弱，肺的纖維結組織增多，肺泡的彈性降低，如果在體育活動時屏氣，易損壞呼吸肌和導致肺泡破裂而發生支氣管咯血等現象。

三忌快速度的運動鍛鍊。由於老年人的心肌收縮力減弱，血管壁彈性下降，宮腔狹窄，血液力增大，勢必使心臟負擔加大。再由於呼吸系統功能已經減弱，肺活量和通氣量又會減少而致供氧不足。而且快速運動時的耗氧加大，極易導致缺氧昏暈現象。尤其是患有心臟病和高血壓病者，快速運動將促使脈搏率和血壓驟然升高而發生意外。

四忌進行爭抗和競賽。因競賽和爭抗活動必然引起神經劇烈興奮，同時爭抗會產生付出自身最大能力的獲勝心，這種情況會使老年人在生理和心理上產生力不從心的矛盾，甚至會發生意外。

另外，鍛鍊要掌握自我監控的方法，其中脈搏的監測是最簡易可行的方法。以每分鐘脈搏 180 次作為健康中老年人的最高心率，根據運動後所達到的最高心率的百分率來確定活動的強度。大運動量相當於最高心率 180 次／分的 80%，即 144 次／分左右；中等強度相當於最高心率的 60% 以下，即 108 次／分以下。

這是一個負荷強度心率監測的參考值，因為影響因素很多，還要和自身的體質基礎、食欲、睡眠等自我反映聯

繫來評價。對某些慢性病患者，透過鍛鍊後的效果還可以向醫生進行諮詢。

第二節　衛生保健常識

一、鍛鍊身體時應該選擇什麼樣的自然環境？

鍛鍊身體時選擇良好的自然環境對健康十分重要。

要避免在空氣污染的環境中鍛鍊。常見空氣污染物有飄塵、二氧化硫、氮氧化合物和一氧化碳等。如果這些污染隨人的呼吸進入體內，刺激呼吸道，就會引起慢性支氣管炎等疾病，甚至還可能危害人體的生長和發育。

另外最好不要在人群稠密、居住密集的鬧市區和通風不良的室內進行健身鍛鍊，否則容易因吸入過多二氧化碳而導致嘔吐、頭暈等症狀。

如果環境允許，健身鍛鍊最好選擇在湖泊、海濱或樹木比較茂盛的地方，這樣不僅空氣的淨化程度較好，而且空氣中負離子的數量也多，因而無疑會對增進健康和振奮精神都有極大的好處。此外，在冬夏兩季進行鍛鍊時，要避免凍傷、中暑或陽光輻射造成的傷害。

二、怎樣選擇運動服、運動鞋等體育用品？

體育用品是指從事健身鍛鍊所需的運動服裝、鞋襪等運動輔助用品，以及為保證安全鍛鍊而由個人準備的防護

用品，必須符合衛生與安全要求。

運動服裝是參加健身鍛鍊的必備用品，應具有美觀大方、質地柔軟及不易玷污等性能。選擇的服裝規格要合體，以穿著舒適、便於活動為原則，內衣不要緊束身體，最好還要有吸收水分的能力。

夏季穿著的運動服顏色最好為淺色，並有良好的透氣性和吸汗性；冬季參加健身鍛鍊，由於天氣比較寒冷，服裝應具有良好的保暖性。

買運動鞋時，最好根據運動項目的類別選用相應功能的運動鞋，鞋要與自己的腳碼、腳型相一致，忌穿得過緊或過鬆，選擇時要求大小合適，結實耐用，柔軟富於彈性，且對皮膚無刺激性；為了保證衛生，還要經常洗滌、晾曬，不用時存放在乾淨的地方。

少數專用物品最好自備，原則上個人使用，個人保管。

三、每天選擇什麼時段進行身體鍛鍊對健康有益？

1. 利用早晨空氣清新的時間，進行適量的健身鍛鍊以舒展筋骨、疏通血脈，將有利於上午的學習。

2. 利用 15：00～17：00 時這段較長的時間，進行負荷較大的健身鍛鍊，可幫助消除疲勞，提高體力貯備。

3. 利用 21：00～22：00 時這段體溫尚未下降、空氣污染程度又低的時間進行輕微的健身鍛鍊，則可提高睡眠效果。

當然，由於個人生活習慣上的差異，在選擇健身鍛鍊的最佳時機時，還需考慮個人特點的需要。

　　另外，隨著季節、不同學習階段等條件的改變，從事健身鍛鍊的時機也應做適當調整。屆時，人體生物鐘的規律仍可按新的方式重新建立，但每次調整都必須相應地保持一個較長的時段。

四、體育鍛鍊時如何預防低血糖症的發生？

　　平時缺乏系統鍛鍊，或在身體處於空腹饑餓狀態下，從事強度過大、時間持續太長的體育鍛鍊，往往會因血糖大量消耗而導致頭暈、心悸等不良感覺的產生。一旦產生上述現象，最好及時停止運動並補充含糖物質。

五、在體育鍛鍊中怎樣預防和處理肌肉痙攣？

　　在對抗性激烈或游泳等運動項目中，有時突然會發生肌肉不聽指揮的現象，特別是小腿的腓腸肌、腳前掌和腳趾等部位。這種肌肉的強直性收縮就是肌肉痙攣，俗稱抽筋。肌肉痙攣對身體沒有什麼直接危害，在幾秒鐘或幾分鐘之內即可消失。但在游泳時發生肌肉痙攣，如不及時採取措施，往往就會引起意外事故。發生肌肉痙攣前，一般都會感到肌肉乏力或有輕微的酸痛，並出現肌肉硬度增加，彈性減少等先兆。

　　為了防止肌肉痙攣現象的發生，除了要在運動前做好充分準備活動外，還應加強冬季鍛鍊的保暖，鍛鍊不要過

於疲勞，游泳注意體溫的變化等。特別是當大量出汗、感覺肌肉有緊張感時，應及時停止鍛鍊。

如已經發生肌肉痙攣，則應採取牽拉的辦法或重按正在痙攣的肌肉以促使其放鬆和伸長；如小腿後部肌肉或腳底抽筋時，只要腳趾背屈，腳跟用力前蹬，並施以局部按摩，肌肉痙攣現象一般即可消除。

六、在體育鍛鍊時頭暈嘔吐該怎麼辦？

在體育鍛鍊中，有時會突然發生頭暈嘔吐現象，如果排除器質性疾病，運動中發生的頭暈嘔吐現象，實質上是一種保護性反應，它往往是機體能力下降及對外界環境不適應的預示信號。

產生頭暈嘔吐的原因很多，比如，未充分做好準備活動即參加激烈的運動，由於支配內臟器官的植物性神經系統的惰性，使機體的消耗與供應失調，都會引起頭暈嘔吐現象。運動時出現的頭暈嘔吐可以說是一種身體應急性指標，預防有可能出現的身體損傷。

七、在體育鍛鍊時如何預防運動性暈厥？

運動性昏厥亦稱「重力休克」，可發生在運動中或運動後，其主要原因是腦部缺血。運動中產生的暈厥，多為劇烈運動後驟然停止而引起血液大量流向下肢，致使心輸出血量驟然減少而引起腦部暫時性缺血。

產生上述現象前都有明顯的頭昏、全身乏力、面色蒼

白及噁心嘔吐等現象。因此，一旦發生這種情況，就必須及時採取應急措施，立即下蹲或臥下休息片刻，以防止運動性暈厥的發生。

八、在運動時中暑了該如何處理？

產生中暑的原因，主要是悶熱天氣或在熱而不通風的室內進行運動，體內更多的熱量不能散發，從而造成中樞神經調節機能失調。中暑的典型先兆就是頭暈、嘔吐，兼有口渴、舌乾、心慌、氣喘及皮膚灼熱等現象。若不及時處理，則會出現高燒、皮膚灼熱無汗、面色發紅，有時可發生鼻子流血、呼吸急促，嚴重者會發生昏厥不醒、面色蒼白、出冷汗、脈搏細弱、血壓下降、呼吸表淺、瞳孔放大，甚至死亡的可能。

因此，當發現有頭暈嘔吐現象時，就應警惕這種中暑前兆的繼續發展，迅速離開炎熱環境，到陰涼通風處暫時休息。頭暈嚴重者，應立即解寬衣服靜臥，適當通風降溫，並用毛巾冷敷頭部。如有嘔吐現象，可適當飲些冷開水，或補充 0.1％～0.25％的淡鹽水。

九、如何通過體育鍛鍊控制體重？

體重是指人體的總重量，由體脂和去脂體重（瘦體重）兩部分構成。它受年齡、性別、生活條件和體育鍛鍊等各種因素的影響。合理的體育鍛鍊能使體重保持在相應水準，並促進體質增強；如果鍛鍊違反客觀規律，不注意

合理安排運動負荷，可能會愈練愈瘦。

每次健身鍛鍊之後，由於機體多餘水分和脂肪的消耗，會使體重略有下降。特別是初鍛鍊者和身體較為肥胖的人，出現這種現象尤為明顯。有時運動強度愈大，鍛鍊持續時間愈長，體重下降的趨勢愈會隨之增加。通常認為，鍛鍊初期體重下降會持續 3～4 週，下降範圍為 2～3kg，占自身總重量的 3%～4%。在之後的 5～6 週時間內，體重就會處於相對穩定的狀態。

隨著體育鍛鍊的繼續進行，由機體內部產生的一系列適應性變化，還會使骨骼的長度和直徑增長、變粗，骨密質增厚，肌肉肥大，肌腱和韌帶的抵抗力增強，從而最終形成體脂比例減少、瘦體重相應增加的合理體重結構。

十、常見的運動損傷有哪些？怎樣預防？

體育運動過程中所發生的損傷稱為運動損傷。常見的運動損傷主要有擦傷、挫傷、肌肉拉傷、韌帶損傷、骨折和脫臼等。

運動損傷的部位與運動項目有關，如籃球運動易傷膝部，投擲運動易傷肩部和腰部，網球、羽毛球運動員易傷肩部和肘部等。這些損傷的出現與各運動項目的特殊技術要求以及人體某些部位的生理解剖特點有關。

挫傷指身體某一部位受到外部鈍器打擊或身體撞擊物體引起的損傷。肌肉拉傷指運動時過度牽拉肌肉或肌腱造成部分甚至全部肌肉纖維撕裂或斷裂的閉合性損傷。

韌帶損傷指在間接外力的作用下，關節發生超常範圍

的活動而造成的關節內外側韌帶損傷。

骨折指骨的完整性遭到破壞。

脫臼指關節的兩個關節面的位置越出正常範圍而不能自行復原。

十一、怎樣的情況下會造成運動損傷？

導致運動損傷的原因主要有以下幾個方面：

1. 思想上麻痺大意，對運動損傷的危害性認識不足。

2. 準備活動不充分或不正確。

3. 技術動作不正確。學習新技術動作時沒有掌握動作要領或者方法不對。

4. 運動練習安排不當，運動量或強度過大。

5. 身體機能狀況不良，在身體比較疲勞的情況下參加運動，注意力減退，反應遲鈍，動作力量、精確度下降，容易發生技術動作錯誤而導致創傷。

6. 場地器材、衣著不符合運動要求，存在安全隱患。

7. 氣溫過高易疲勞和中暑；天氣寒冷易導致肌肉僵硬，活動能力下降。

8. 光線不足影響視力，使鍛鍊者反應遲鈍。

導引養生功

 1 疏筋壯骨功+VCD　定價350元

 2 導引保健功+VCD　定價350元

 3 頤身九段錦+VCD　定價350元

 4 九九還童功+VCD　定價350元

 5 舒心平血功+VCD　定價350元

  6 益氣養肺功+VCD　定價350元

 7 養生太極扇+VCD　定價350元

 8 養生太極棒+VCD　定價350元

 9 導引養生形體詩韻+VCD　定價350元

 10 四十九式經絡動功+VCD　定價350元

張廣德養生著作　每冊定價350元

全系列為彩色圖解附教學光碟

輕鬆學武術

  1 二十四式太極拳+VCD　定價250元

 2 四十二式太極拳+VCD　定價250元

 3 八式十六式太極拳+VCD　定價250元

 4 三十二式太極劍+VCD　定價250元

 5 四十二式太極劍+VCD　定價250元

 6 二十八式木蘭拳+VCD　定價250元

 7 三十八式木蘭扇+VCD　定價250元

 8 四十八式太極劍+VCD　定價250元

彩色圖解太極武術

1 太極功夫扇 定價220元

2 武當太極劍 定價220元

3 楊式太極劍 定價220元

4 楊式太極刀 定價220元

5 二十四式太極拳+VCD 定價350元

6 三十二式太極劍+VCD  定價350元

7 四十二式太極劍+VCD  定價350元

8 四十二式太極拳+VCD  定價350元

9 楊式十六式太極劍 定價350元

10 楊氏二十八式太極拳+VCD  定價350元

11 楊式太極拳四十式+VCD 定價350元

12 陳式太極拳五十六式+VCD 定價350元

13 吳式太極拳五十六式+VCD  定價350元

14 精簡陳式太極拳八式十六式  定價220元

15 精簡吳式太極拳三十六式 拳架·推手  定價220元

16 夕陽美功夫扇  定價220元

17 綜合四十八式太極拳+VCD  定價350元

18 三十二式太極拳 四段  定價220元

19 楊式三十七式太極拳+VCD 定價350元

20 楊氏五十一式太極劍+VCD  定價350元

21 嫡傳楊家太極拳精練二十八式 定價220元

22 嫡傳楊家太極劍五十一式  定價220元

太極跤

1 太極防身術
定價300元

2 擒拿術
定價280元

3 中國式摔角
定價350元

簡化太極拳

1 陳式太極拳十三式
定價200元

2 楊式太極拳十三式
定價200元

3 吳式太極拳十三式
定價200元

4 武式太極拳十三式
定價200元

5 孫式太極拳十三式
定價200元

6 趙堡太極拳十三式
定價200元

原地太極拳

1 原地綜合太極二十四式
定價220元

2 原地活步太極四十二式
定價200元

3 原地簡化太極拳二十四式
定價200元

4 原地太極拳十二式
定價200元

5 原地青少年太極拳二十二式
定價220元

6 原地兒童太極拳十捶十六式
定價180元

健康加油站

1 糖尿病預防與治療  定價200元

2 胃部機能與強健  定價180元

3 不孕症治療 定價200元

4 簡易醫學急救法  定價200元

5 肥胖健康診療 定價200元

6 肝功能健康診療  定價200元

7 高血壓健康診療  定價200元

8 高血糖值健康診療 定價200元

9 尿酸值健康診療  定價200元

10 膽固醇中性脂肪健康診療  定價200元

11 痛風劇痛消除法  定價180元

12 三溫暖健康法  定價180元

13 手・腳病理按摩  定價180元

14 B型肝炎預防與治療  定價180元

15 吃得更漂亮、健康 定價180元

16 茶使您更健康 定價180元

17 圖解常見疾病運動療法 定價180元

18 科學健身改變亞健康 定價180元

19 簡易萬病自療保健 定價220元

20 王朝秘藥媚酒  定價180元

21 立見實效保健操  定價180元

22 越吃越幸福  定價200元

23 荷爾蒙與健康  定價180元

24 越吃越長壽  定價200元

25 自我保健鍛鍊 定價180元

26 斷食促進健康 定價180元

27 蔬菜健康法 定價200元

28 水果健康法 定價200元

運動精進叢書

1 怎樣跑得快
怎樣跑得快
定價200元

2 怎樣投得遠
怎樣投得遠
定價180元

3 怎樣跳得遠
怎樣跳得遠
定價180元

4 怎樣跳的高
怎樣跳得高
定價180元

5 高爾夫揮桿原理
高爾夫揮桿原理
定價220元

6 網球技巧圖解
網球技巧圖解
定價220元

7 排球技巧圖解
排球技巧圖解
定價230元

8 沙灘排球技巧圖解
沙灘排球技巧圖解
定價230元

9 撞球技巧圖解
撞球技巧圖解
定價230元

10 籃球技巧圖解
籃球技巧圖解
定價220元

11 足球技巧圖解
足球技巧圖解
定價230元

12 羽毛球技巧圖解
羽毛球技巧圖解
定價220元

13 乒乓球技巧圖解
乒乓球技巧圖解
定價220元

14 曲線球與飛碟球
曲線球與飛碟球
定價300元

15 街頭花式籃球
街頭花式籃球
定價280元

16 精彩高爾夫
精彩高爾夫
定價330元

17 巴西青少年足球訓練方法
巴西青少年足球訓練方法300例
定價230元

18 籃球個人技術全圖解＋VCD
籃球個人技術
定價300元

19 門球（槌球）入門與提升180問
門球（槌球）入門與提升180問
定價230元

國家圖書館出版品預行編目資料

武術對練和對抗健身 / 王建華　李全生　高航　張洋　著
——初版，——臺北市，大展，2008〔民97.10〕
面；21公分 ——（武術特輯；103）
ISBN 978－957－468－640－7（平裝）

1.武術　2.健身　3.中國

528.97　　　　　　　　　　　　　　　　97015005

武術對練和對抗健身　ISBN 978－957－468－640－7

著　　　者/王建華　李全生　高　航　張　洋

責任編輯/朱　曉　峰

發 行 人/蔡　森　明

出 版 者/大展出版社有限公司

社　　　址/台北市北投區（石牌）致遠一路2段12巷1號

電　　　話/（02）28236031・28236033・28233123

傳　　　眞/（02）28272069

郵政劃撥/01669551

網　　　址/ www.dah-jaan.com.tw

E－mail / service@dah-jaan.com.tw

登 記 證/局版臺業字第2171號

承 印 者/傳興印刷有限公司

裝　　　訂/建鑫裝訂有限公司

排 版 者/弘益電腦排版有限公司

授 權 者/北京人民體育出版社

初版1刷/2008年（民97年）10月

定　價/220元

大展好書　好書大展
品嘗好書　冠群可期

大展好書　好書大展
品嘗好書　冠群可期